Auguste Deppe

Die Teutoburg

Auguste Deppe

Die Teutoburg

ISBN/EAN: 9783744655248

Hergestellt in Europa, USA, Kanada, Australien, Japan

Cover: Foto ©ninafisch / pixelio.de

Weitere Bücher finden Sie auf **www.hansebooks.com**

Die Teutoburg

von

Dr. Aug. Deppe.

Heidelberg.
Verlag A. Deppe.
1884.

Universitäts-Buchdruckerei von J. Hörning.

Dem Andenken

meines Vaters und Lehrers

Konrad Deppe

(geb. 25. März 1809, gest. 2. Aug. 1878)

in Liebe gewidmet.

Cic. de orat. II, 9, 36.

Die Geschichte ist Zeuge der Zeiten,
eine Leuchte der Wahrheit, ein bleibendes Andenken,
Rathgeberin für das jetzige Leben,
Kunde für die Nachwelt.

Vorrede.

Am 19. August 1880 wurde ich durch folgende huldvollen Worte Sr. Kaiserlichen und Königlichen Hoheit Kronprinzen des deutschen Reiches und von Preußen hoch erfreut:

„Die freundliche Ueberreichung Ihrer interessanten Schrift über die Varusschlacht verpflichtet Mich zu besonderem Danke, welchen Ich Ihnen hierdurch auszusprechen nicht unterlassen will. Neues Palais bei Potsdam den 16. August 1880."

(gez.) **Friedrich Wilhelm.**

Zur weiteren Empfehlung der genannten Schrift füge ich das Urtheil des Hrn. Geh. Oberjustizrathes O. Preuß zu Detmold aus der Lippischen Landeszeitung vom 20. April 1880 hier bei:

„Der Verf. der obigen Broschüre hat in zwei früheren kleinen Schriften über den Ort der Varianischen Niederlage sich ausgesprochen und diese mit Recht in den Lippischen Wald zwischen die Quellen der Ems und Lippe verlegt, will jedoch, wie wir aus der Vorrede zu seiner jetzigen Schrift ersehen, die Feste Aliso nicht mit Clostermeier und Giefers im Dorfe Elsen bei Neuhaus, sondern, den Ansichten G. A. B. Schierenberg's und Hölzermann's

beitretend, in Ringhofe, eine Meile westlich davon, wieder=
finden. In der obigen Schrift selbst aber läßt der Verf. alle
Polemik bei Seite. Er versucht es, uns hier allein eine
möglichst objective, den uns erhaltenen Quellen genau
folgende Erzählung über den Verlauf der Varianischen
Niederlage zu geben. Und das ist ihm denn in der That
auch in anerkennenswerthester Weise gelungen. Nachdem
er einleitungsweise einen kurzen Rückblick auf die Züge
des Drusus und seines Bruders Tiberius in das rechts=
rheinische Germanien geworfen, läßt er nun die Berichte
des Dio Cassius, Vellejus, Florus und Tacitus, sowie
des eine Lücke des Dio ergänzenden Zonaras über die
weiteren Ereignisse aus der Zeit folgen, seit Varus im
Jahre 7 nach Chr. den Oberbefehl über das römische
Heer übernommen hatte. Dabei sucht der Verf. die an=
scheinenden Widersprüche in jenen Berichten aus der Per=
sönlichkeit der verschiedenen Berichterstatter zu erklären
und zu lösen, einzelne Lücken aber durch die gelegentlichen
Notizen anderer Autoren, hin und wieder auch durch den
Inhalt neuerdings aufgefundener Inschriften auszufüllen.
So erhalten wir denn ein anschauliches Bild des ganzen
Verlaufes der Hermannsschlacht in den wörtlichen Aus=
zügen der Quellenschriftsteller, deren Zusammenhang vom
Verf. durch seine einzelnen nach allen Seiten hin orien=
tirenden Bemerkungen vermittelt wird. Da der Verfasser
die Berichte der Alten in getreuer, geschmackvoller Ueber=
setzung wiedergiebt, so macht er es auch dem Laien, der
nicht selbst an das Original der Quellen heranzutreten
vermag, möglich, sich selbst darüber ein Urtheil zu bilden,
wiefern die so vielfach auseinandergehenden Ansichten der
neueren Schriftsteller über den Verlauf und den Ort der

Varianischen Kämpfe in den Berichten der Alten ihre Begründung finden.

Als Resultat seiner Untersuchungen stellt der Verfasser am Schlusse die von ihm gewonnene Ueberzeugung hin, daß in den Geschichtsquellen über die Varusschlacht bei deren Vergleichung sich nirgends ein Widerspruch in Hauptsachen finde, daß vielmehr die bei den Schriftstellern sich zerstreut findenden Angaben hinreichen, um als Züge zu einem ziemlich vollständigen Gesammtbilde vereinigt zu werden.

Wir können das kleine, hübsch und frisch geschriebene Buch allen Denen, die für das darin behandelte, uns Lippern so nahe liegende Thema sich interessiren, aus voller Ueberzeugung empfehlen und freuen uns, daß wir Aussicht haben, dem Verf. bald in einer von ihm beabsichtigten weiteren ähnlichen Darstellung über „Den römischen Nachekrieg in Deutschland während der Jahre 14—16 n. Chr. und die Völkerschlacht bei Idistavisus" noch einmal zu begegnen."

Ueber die letzterwähnte Schrift, welche in Heidelberg 1881 bei G. Weiß erschienen ist, ging mir eine Beurtheilung zu seitens der Allgemeinen Militärzeitung, Darmstadt 1880 vom 4. December, aus der ich folgende Stelle hervor hebe:

„Es ist eine recht tüchtige Arbeit, die uns hier vorliegt. Der Verfasser zeigt darin Fleiß, Forscherfinn und gutes Verständniß. Als Quellen hat er in erster Linie die beiden ersten Bücher der Annalen von Tacitus benutzt, weiter hat derselbe die Lebensbeschreibung der 12 Römischen Kaiser von Sueton und die Römische Geschichte des Vellejus Paterculus befragt, sowie die geographischen

Werke von Strabo und Ptolemäus verglichen. Der Verfasser hebt mit Recht hervor, wie wichtig nicht bloß für die Erklärung der Classiker, sondern auch für die Ausnutzung der Geschichte die jetzt überall von Alterthums-Vereinen angeregten Local-Untersuchungen sind; wir können hinzufügen, daß dieselben besonders in Westfalen, Hessen, Baden u. schon die besten Ergebnisse geliefert haben."

Dankbar gedenke ich auch einer geneigten Zuschrift des Hrn. Generalmajor von Veith in Bonn, durch die ich zu weiteren Nachforschungen ermuntert wurde, und welche mit den Worten schließt:

„Abweichende Ansichten und Ausstellungen werden ja nie ausbleiben, wo ein so schwieriges Thema vorliegt und eine definitive Lösung noch fehlt. Lassen Sie Sich dadurch nicht vom betretenen Wege abhalten."

So habe ich denn weiter gesucht, sowohl in den Geschichtsquellen, als auch am Platze der Begebenheiten selbst, und hege nur diesen Wunsch, daß die vorliegende neue Arbeit sich gleiches Lobes werth erweisen möchte.

Heidelberg, 19. Nov. 1882.

Einleitung.

Neben den altdeutschen Ringwall auf dem Heiligenberge bei Heidelberg am Neckar, und denjenigen auf dem Kreinberge bei Miltenberg am Main, stellt sich ein Hünenring des nördlichen Deutschlands auf der Grotenburg bei Detmold im Osninggebirge. Während nämlich der erste durch eine römische Inschriftplatte mit der Widmung „Mercurio Cimbrio" sich als kimbrischen Ursprungs, der zweite durch einen römischen Grenzstein mit der Aufschrift „Inter Toutonos C A H F" als den Sitz einer unterwegs gebliebenen Teutonenschaar erweist, ist letzter merkwürdig durch den in Tac. Ann. I, 60 genannten „Saltus Teutoburgiensis".

Der Versuch, überhaupt Ringwälle auf die Kimbern und Teutonen zurück zu führen, möchte kühn erscheinen, wenn nicht Tacitus in der Germania, geschrieben 98 n. Chr., cap. 37 durch folgende Worte über die „Cimbri" dazu ermuthigte: Weit und breit bleiben Spuren ihres alten Ruhmes. Auf beiden Ufern sind Lager und Räume, aus deren Umfange man noch jetzt die Masse und Mannschaft des Volkes, und den Beweis einer so starken Auswanderung abnehmen kann. Mit den beiden Ufern meint Tacitus offenbar die Rheinufer; denn in cap. 32 bezeichnet er den Rhein als die Grenze des römischen Reiches gegen die Germanen. Wenn er sodann die **Masse und Mannschaft** des Volkes unterscheidet, so will er daran erinnern, daß die Kimbern und Teutonen nicht allein mit ihrer wehrhaften Mannschaft ausgezogen, sondern daß sie **mit Weib und Kind mit Vieh und aller beweglichen Habe**, die sie vor der hereinbrechenden Meeresfluth noch retten gekonnt hatten, fort gewandert waren. Auch die **Lager und Räume** sind nicht absichtslos neben einander genannt; man findet nämlich bei manchen Ringwällen, außer der Umwallung eines Berggipfels zum Zwecke einer **Heeresburg**, ringsum noch die Begrenzung eines **größeren Gebietes**.

Ist nun hiermit zunächst wenigstens die **Möglichkeit** gezeigt, daß von den vielen Hünenringen, die Deutschland aus den verschiedensten Jahrhunderten aufzuweisen hat, der eine oder andere jener Kimbernzeit angehört, und besonders, worauf es hier ankommt, die Möglichkeit, daß der **Große Hünenring um den Gipfel der Grotenburg bei Detmold sowie die Felsenmauer an dem Fuße dieses Berges von den Teutonen herrühren**, so wolle der geneigte Leser im Folgenden mir erlauben, die **Wahrscheinlichkeit** dieser Annahme darzuthun, um schließlich, nach den nöthigen Vorbemerkungen, den **Beweis** dafür anzutreten.

Eine Hauptfrage ist zuerst die, **woher die Kimbern und Teutonen gekommen sind**. Wir lernen ihre Heimath aus der Geographie des Ptolemäus kennen, welcher zur Zeit des Hadrian (117—138 n. Chr.) schrieb; daselbst heißt es II, 11: Auf der Landenge der kimbrischen Halbinsel wohnen die S a x e n; in der Halbinsel selbst aber über den Saxen westlich die S i g u l o n e n, dann die S a b a l i n g e n, darauf die K o b a n d e n; über diesen die C h a l e n, und darüber mehr westlich die F u n d u s e n, mehr östlich die C h a r u d e n; von allen aber am nördlichsten die K i m b e r n. Neben den

Saxen von dem Flusse Chalusos bis zum Swebosflusse die Farodenen. Und weiter unten heißt es: Zwischen den Saxen und den Sweben sitzen die Teutonoaren und Virunen, zwischen den Farodenen und den Sweben aber die Teutonen und Auarpen. Hiernach befanden sich die Teutonen in Mecklenburg und Pommern, die Kimbern im Norden von Jütland, die Charuben auf der Ostseite dieser Halbinsel. Noch jetzt erinnern Ortsnamen wie Teutenwinkel, ein Hof in der Nähe von Rostock, und Teutendorf, zwischen Travemünde und Schwartau, an jenen alten Sitz der Teutonen, und ein Teut im Regierungsbezirke Königsberg an die Ausdehnung ihres Gebietes nach Osten. Der ältere Plinius sagt in seiner dem Titus 77 n. Chr. gewidmeten Naturalis Historia IV, § 97: Das Vorgebirge der Cimbern, welches weit in das Meer ausläuft, bildet eine Halbinsel, die Chartris genannt wird. Dieser Name, wie ihn die Pariser Handschrift 6795 hat, soll vielleicht Charudis heißen, und das Land der Charuden, das jetzige Aarhuus bezeichnen. Ueber die Teutonen sagt derselbe im Buch XXXVII, § 35 Folgendes: Nach Pytheas sollen die Gutonen, ein germanisches Volk, an einer Fluthmündung namens Metonomon wohnen, vom Oceane 6000 Stadien entfernt, und davon eine Tagesfahrt die Insel Abalus abliegen; an diese soll während des Frühlings von den Fluthen der Bernstein getrieben werden, und derselbe ein Auswurf des gefrorenen Meeres sein; die Einwohner sollen ihn statt des Holzes gebrauchen und an die benachbarten Teutonen verkaufen. Pytheas machte um 400 v. Chr. im Auftrage der Stadt Massilia (jetzt Marseille) zwei Entdeckungsreisen in die nördlichen Meere. Die zweite führte ihn aus dem Atlantischen Ozean durch den Kanal, mittels einer Fahrt von 6000 Stadien oder 150 deutschen Meilen über die Nordsee, nach der schwedischen Küste in den Sund, an welchem die Gutonen wohnten, in dem noch heute so genannten Götalande. Das eine Tagesfahrt weiter gelegene Abal, wo das Meer den Bernstein auswarf, war also eine Insel der Ostsee; und die benachbarten Teutonen müssen Bewohner der deutschen Ostseeländer gewesen sein. Mit obigen Angaben stimmt auch Mela überein, der Zeitgenosse des Klaudius (41—54 n. Chr.), indem er III, 3 schreibt: Nördlich von der Elbe liegt der Codanus, ein ungeheurer Meerbusen, mit grossen und kleinen Inseln angefüllt. Hierdurch ist das Meer, welches sich im Schoosse der Gestade befindet, nirgends weit offen und nirgends einem Meere ähnlich; sondern mit seinen überall hin dazwischen fluthenden und oft austretenden Gewässern ergiesst es sich, anzusehen wie Flüsse, ungebunden ins Weite. Wo es die Gestade bespült, gezwängt von den nicht weit abstehenden Ufern der Inseln und überall fast gleich gross, da geht es schmal hindurch und einer Meerenge ähnlich; darauf wendet es sich und ist hinein gebogen in einen langen Busen. An diesem wohnen die Cimbern und Teutonen; darüber hinaus die Hermionen, die letzten von Germanien. Sehr zutreffend ist hier die Ostsee beschrieben; der Name Codanus steckt noch jetzt in Cattegat; erwähnt wird das öftere Austreten des Wassers.

Es ist daher glaublich, was die Kimbern und Teutonen als Grund ihrer Auswanderung angaben, daß nämlich die See ihre Gegenden unter Wasser gesetzt habe. Ueberliefert ist diese Nachricht von Florus, der seine Geschichtsauszüge der römischen Kriege unter Augustus schrieb, wahrscheinlich 11—13 n. Chr.; wir lesen bei ihm I, 38 nach der Ausgabe von Halm: Die Cimbern, die Teutonen und Tiguriner suchten, weil der Ocean ihre Länder überschwemmt hatte, von den äussersten

Theilen Galliens flüchtend, überall neue Wohnplätze. Hier ist zu bemerken, daß die Tiguriner sich erst am Fuße der Schweizeralpen zu den Kimbern gesellten (Strabo pag. 293; Caes. B. G. I, 12; Liv. perioch. 65), und ferner, daß vor Cäsars Zeit bei den Griechen und Römern das nörd= liche Europa, jenseit der Donau und der Alpen von den Pyrenäen bis zu den Karpathen, gesamt das Keltenland oder Gallien hieß (Herodot. II, 33; IV, 48; Aristoteles, hist. anim. II, 8; eth. Nik., III, 10; eth. Eud. III, 1; Dionys. Halicarn. XIV, fragm. 1—3; Liv. V, 34; Strabo p. 75; Diodor. V, 32; Dio Cass. XXXIX, 48), mithin die äußersten Gegenden desselben allerdings Jütland und die Ostseeküsten waren. Jene Ueberschwemmung muß eine ungewöhnlich starke und länger dauernde gewesen sein; ob sie durch einen anhaltenden Sturm aus Nordost, ob durch eine vulkanische Hebung der schwedischen Küste, oder durch welche andere Ursache sie entstand, ist ungewiß. Strabo 292 meint, eine Fluth könne nicht die Auswanderung veranlaßt haben, weil zu seiner Zeit noch Kimbern in der Halbinsel wohnten, weil Anschwellen und Abnehmen des Meeres sich regelmäßig und täglich wiederhole, und auch eine ausnahmsweise stärkere Fluth die daran gewöhnten Küsten= bewohner nicht vertreibe; er findet dagegen vom römischen Standpunkte aus den wahren Grund in der Raublust und Unstätigkeit der Germanen. Dieser Anschuldigung müssen wir entgegnen, daß selbst zu unserer Zeit noch im Jahre 1825 eine Sturmfluth den nördlichen Theil von Jütland vollends abriß, und daß jene zurückgebliebenen Kimbern und Teu= tonen eben die von dem Unglück nicht Mitbetroffenen ge= wesen sein können.

Doch wichtiger als diese Untersuchung ist für uns hier eine zweite Frage, nämlich welches Weges durch Deutschland die nordischen Auswanderer ge= zogen sind, und ob derselbe sie durch das Osninggebirge führte, wo die Grotenburg mit ihren Hünenringen sich befindet. Folgen wir dem Zuge der Kimbern und Teutonen, so sehen wir sie zunächst die Elbe überschreiten, etwa auf der Strecke zwischen Hamburg und der Havelmündung, ihren Wohnsitzen gegenüber, wo ihnen die Lüneburger Haide offen stand, während zwischen der Elbe und Oder, südlich von der Havel, ihnen die streitbaren Senonen den Durchgang verwehren konnten (Vell. II, 106; Tac. Germ. 39; Ptol. II, 11). Wir sehen sie dann theils südlich sich zur Donau wenden, theils westlich zum Rheine hin fortschreiten.

Die erstgenannte Richtung, also durch Thüringen und Sachsen, durch Nordbayern und Böhmen, ist bezeugt von Strabo in seiner 18 n. Chr. ausgearbeiteten Geographie, wo wir auf pag. 293 finden: Posidonius sagt auch, dass die Bojer früher den herkynischen Wald bewohnt haben, und dass die Kimbern, als sie in diese Gegend vorrückten, und von den Bojern abgeschlagen waren, zur Donau auf die galatischen Skordisken, dann auf die gleichfalls galatischen Teuristen und Taurisken, hernach auf die Helvetier losgegangen sind. Der herkynische Wald befand sich auf beiden Seiten der Donau, vom Schwarzwalde bis zu den Karpathen (Caes. B. G. VI, 25; Strabo 292; Ptol. II, 11); die Bojer aber wohnten damals in Südbayern und Oestreich, in Steyermark und dem westlichen Ungarn (Caes. B. G. I, 5; Strabo 292, 213, 313, 315; Plin. III, § 146; Ptol. II, 13, 15). Jener zu Anfang erwähnte Posidonius aus Apamia, ein Gelehrter zu Rhodus, aus dessen uns nicht erhaltenem Werke die vorstehende Nachricht geschöpft ist, kam 51 v. Chr. nach Rom, wo er in einem Alter von 84 Jahren starb, nach etwa zwölfjährigem Aufenthalte daselbst; es fallen also die Kimbernzüge noch in seine Jugendzeit (Lucian.

Macrob. 20; Cic. ad Att. II, 1; Suidas unter Posidon). Unterwegs lebten die Kimbern und Teutonen vom Raube, und ließen als Spuren des Durchzugs, wie wir oben hörten, ihre nöthigenfalls befestigten Lagerplätze zurück. Livius (geb. um 59 v. Chr. gest. 17 n. Chr.) verzeichnet in der Inhaltsangabe seines Buches LXIII zum Jahre 113 v. Chr. die Nachricht: Die Cimbern, ein wanderndes Volk, kamen plündernd nach Illyricum. Und Plutarch schreibt später im Mar. 11: Alles, worauf sie stiessen, trieben und schleppten sie unter dem Vorwande der Beute fort. Vergegenwärtigen wir uns das Ringen und den Kampf der Landesbewohner mit den durchziehenden heimath=losen Schaaren um Hab und Gut, so werden wir zugeben, daß selbst für Deutschland die Wanderung der Kimbern und Teutonen eine Zeit der Drangsale und Noth gewesen sei. Aus dem Bojerlande fortgeschlagen, kamen die Züge mit Raub beladen in der Schweiz an. Strabo erzählt weiter: Die Helvetier aber, zwar wohlhabende, jedoch friedliche Leute, als sie sahen, dass bei den Räuberbanden der Reichthum ihren eigenen übertraf, gesellten sich zu ihnen, am meisten die Tiguriner und Toygener, und rückten daher mit aus.

Die zweitgenannte Richtung der Kimbernzüge, nämlich diejenige von der Elbe zum Rheine hin, auf welche wir hier vorzugsweise unser Augenmerk richten, ist bezeugt von Caesar im B. G. II, 4; dieser erfuhr durch Nachfrage für seinen Kriegszug im Sommer 57 v. Chr. unter Anderem auch Folgendes: Die Belgier seien die Einzigen, welche damals, als nach dem Gedächtnisse unserer Väter das ganze Gallien bedrängt war, die Teutonen und Cimbern verhindert haben, in ihre Grenzen einzudringen. Weniger kräftigen Widerstand fanden Letztere in Frankreich, welches sie von da weiter durchzogen. Die Landesbewohner suchten auch hier entweder mit größter

Anstrengung die Horden los zu werden, oder sie fügten sich der Uebermacht und schlossen sich ihnen an. Appian. Illyr. 4 sagt: Bis zu den Pyrenäen hin plünderten sie. Liv. perioch. LXVIII nennt als solche, die sich den Teutonen zugesellten, die „Ambronen", wahrscheinlich um Embrun in den französischen Alpen seßhaft; und Festus pag. 17 fügt hinzu: Die Ambronen fingen an, mit Raub und Beute sich und die Ihrigen zu ernähren. Florus I, 38 erzählt weiter: Verdrängt sowohl aus Gallien wie aus Hispanien, gedachten sie nach Italien hinüber zu wandern. Schreiten wir nun, in der bezeichneten Richtung nach Südwest, von Jütland von Pommern und Mecklenburg mit den nordischen Auswanderern gerades Weges zunächst nach Belgien, so durchschneiden wir das zwischen der Weser der Ems und Lippe gelegene Osninggebirge in seiner Mitte; die Straße führt über Lüneburg, Minden, Bielefeld, Hamm, Dortmund, Köln, Aachen; und demnach sind auch durch die Gegend von Detmold, in dessen Nähe die Grotenburg liegt, Schaaren von Kimbern und Teutonen gekommen, was ich eben zeigen wollte.

Eine Linie von Hamburg nach Brüssel bezeichnet etwa die westliche Zugsgrenze, eine Linie von Hamburg nach Wien die östliche; zwischen beiden Linien wird kein deutscher Landstrich zur oberen Donau und zum oberen Rhein hin von kimbrischen und teutonischen Durchzügen verschont geblieben sein. Hierfür finde ich folgende Beweisstelle bei Caes. B. G. I, 31. 37. 51. Es war 58 v. Chr., also ungefähr sechzig Jahre nach der großen Wanderung, als die Sequaner und Aeduer, jene westlich vom Juragebirge, diese an der Saone und Loire wohnhaft, den Cäsar um Hülfe gegen Ariovist baten, und unter Anderem auch dieses vortrugen: Schlimmer noch sei es den siegenden Sequanern, als den besiegten Aeduern ergangen, da nämlich Ariovist, König der Germanen, in ihrem Gebiete sich niedergelassen, und den dritten Theil des Sequanerlandes, das beste vom ganzen Gallien, eingenommen habe, dazu jetzt den Sequanern befehle, das andere Drittheil zu räumen, deswegen, weil wenige Monate zuvor 24000 Mann der **Haruden** zu ihm gekommen seien, denen er Land und Wohnsitze besorgen wolle. Hiermit werden wir sofort an jene von Ptolemäus neben den Kimbern genannten Charuden erinnert; denn an der Gleichheit des Namens „Harudes" und „Charudes" wird Niemand zweifeln. Ebenso steht es fest, daß die Charuden mit den Kimbern jenseit der Elbe zu Hause waren, und zwar, wie ich zeigte, im Gebiete Aarhuus der Halbinsel Jütland. Es wird nämlich die oben beigebrachte Angabe des Ptol. II, 11 bestätigt durch die von Augustus selbst 14 n. Chr. abgefaßte und seinem Testamente beigelegte „Aufzeichnung seiner Thaten", die bei Sueton. Aug. 101, Tib. 23 und Dio LVI, 33 erwähnt, und deren Wortlaut uns durch die Inschrift eines dem Augustus geweihten Tempels zu Ancyra (jetzt Angora in Kleinasien) fast vollständig erhalten ist; daselbst heißt es: Die **Cimbern** und **Charyden** und **Semnonen** und **andere germanische Völker jener Gegend** haben durch Gesandte um meine und des römischen Volkes Freundschaft nachgesucht. (Augusti res gestae von Theob. Mommsen, Berlin 1865; desgleichen von Theob. Bergk, Göttingen 1873.) Dies geschah im Jahre 5 n. Chr., als Tiberius nach Unterwerfung der Chauken und Langobarden mit seinem Landheere und der Nordseeflotte bei der Elbe ankam, wo die jenseitigen Bewohner bereits ein weiteres Vordringen der Römer befürchteten (Vell. II, 106. 107; dazu Plin. N. H. II, § 167). Ueber die Gesandtschaft sagt Strabo 293: Die Cimbern schickten dem Augustus als Geschenk ihren heiligsten

Kessel und baten um Freundschaft und Verzeihung des früher Geschehenen; nachdem sie erlangt hatten, um was sie nachsuchten, reisten sie ab. Jene von Cäsar genannten Haruden also waren sicherlich mit den Kimbern vormals von der Ostsee, wo gerade ihre Meeresküste der Fluth am meisten ausgesetzt lag, hergewandert; sie hatten im südwestlichen Deutschland, wahrscheinlich in der Rheinebene zwischen Mannheim und Karlsruhe sowie in dem gegenüber liegenden Haardtgebirge der bayrischen Pfalz, des Ziehens müde, sich anfangs mit schlechteren Wohnplätzen begnügt, und baten jetzt den König Ariovist, der das Elsaß seit vierzehn Jahren besetzt hielt, um bessere Sitze in Frankreich.

Hiermit habe ich bereits eine dritte Hauptfrage eingeleitet, nämlich diejenige, ob sich nachweisen läßt, **daß unterwegs Schaaren von Kimbern und Teutonen sitzen geblieben sind**. Ein lehrreiches Beispiel gibt uns Caesar im B. G. II, 29: Die Aduatuken stammten von den Cimbern und Teutonen ab, welche zusammen, als sie den Zug in unsere Provinz und nach Italien machten, bei dem Gepäcke, welches sie nicht mit sich führen und tragen konnten, nachdem sie es diesseit des Rheines niedergelegt hatten, zur Wache und zum Schutze 6000 Mann von den Ihrigen zurück liessen. Diese wählten nach dem Untergange Jener, viele Jahre von den Nachbaren gedrängt, indem sie bald angriffen, bald sich vertheidigten, und als nach gegenseitigem Einverständniss ihrer Alle Friede gemacht war, sich diese Gegend zum Wohnplatze aus. Es war am Nordfuße der Ardennen; und wir können aus der Erzählung abnehmen, wie es bei solchen Ansiedelungen zuging. Irgend ein Gebirge bietet den von allen Seiten gedrängten Heimathlosen eine Zuflucht; man sucht sich zum einstweiligen Rastorte einen Bergrücken aus, der sich leicht vertheidigen läßt und Steingerölle zu weiteren Befestigungen darbietet. Die Vertheidigung gelingt; man fängt an, sein Vieh auf den Waldweiden zu ernähren, und den Platz als neue Heimath gegen die Umwohnenden zu behaupten. Jetzt wird es schon nicht mehr befremden, zu erfahren, daß die Römer, bei der Abgrenzung eines eroberten Landstrichs vom Main zur Donau hin und Vertheilung desselben an gallische Zehntpflichtige (8 v. Chr. bis 130 n. Chr.), auch einen Grenzstein gegen eine auf dem Kreinberge bei Miltenberg befindliche Teutonenansiedelung zu setzen hatten (Dio LV, 1; Frontin. Strateg. I, 3, 10; Tac. Germ. 29; Spartian. Hadr. 12). Hr. Kreisrichter Conraby fand die merkwürdige Spitzsäule 1878 in der Nähe des den Berggipfel umschließenden Ringwalles am Boden liegen, und pflanzte sie in seinem Schloßhofe zum ewigen Gedächtnisse wieder auf; dieselbe trägt, wie schon oben erwähnt, die Aufschrift: Unter den Toutonen C A H F, wenn man auch die letzten Buchstaben zu deuten wagt: Unter den Toutonen der Gemeinde Aelia Hadriana Grenze. (Siehe Correspondenzblatt der deutschen Geschichtsvereine 1878, Nr. 8. 9; dazu Bonner Jahrbücher LXIV, S. 47–52 von E. Hübner; und Ernst Herzog, Röm. Grenzwall, Stuttgart 1880, S. 33—42.) Zu Bonfeld, dreizehn Stunden südlich von Miltenberg, befindet sich im Schlosse des Frhrn. v. Gemmingen eine auf dem Eichhäuser Hofe, eine halbe Stunde von Wimpfen, 1852 gefundene Inschrift aufbewahrt, welche lautet: „In H. d. d. Genium C. Alisin. L. Aventinius Maternus D. C. S. T. Don.", und die Hr. Prof. Dr. Karl Zangemeister jetzt, in Rücksicht auf den Toutonengrenzstein und eine weiter unten zu erwähnende Sülchener Inschrift, zu lesen geneigt ist, wie folgt: In honorem domus divinae Genium civitatis Alisinensis Lucius Aventinius Maternus decurio civium Saltus Toutonorum donavit, was ich übersetze: Zur Ehre des Kaiserhauses hat einen Genius der Gemeinde Alisin Lucius Aventinius Maternus, Bürgeroberst im Teutonengau, geschenkt. — Auch eine Kimberngemeinde im Ringwalle auf dem Heiligenberge bei Heidelberg ist nichts Unwahrscheinliches mehr. Ein Präfekt des an dem Fuße dieses Berges gelegenen römischen Brückenlagers zu Neuenheim, oder ein römischer Stabtoberst in Ladenburg (damals Lopodunum), kann der von den Kimbern droben verehrten Gottheit, zur Bethätigung eines freundschaftlichen Verhältnisses, daselbst einen Altar gestiftet haben. Die betreffende Steinplatte mit der Inschrift: Dem cimbrischen Mercur, das ist dem kimbrischen Wodan (Tac. Germ. 9; dazu Paulus Diac. in der Geschichte der Langobarden I, 9), wurde um 1850 mit anderen Bausteinen von den Klosterresten auf dem Heiligenberge nach Handschuhsheim abgeführt. Herr Rath Mays zu Heidelberg entdeckte sie 1869 in einer Scheunenmauer, und schenkte sie der Universität; gegenwärtig befindet sich dieselbe in der Kapelle des Heidelberger Schlosses unter Nr. 6 zu Jedermanns Ansicht aufgestellt. (Siehe Albert Mays, Verzeichniß der städtischen Kunst- und Alterthümer-Sammlung auf dem Heidelberger Schloß, 2. Theil, Heidelberg 1883, S. 6.) — Ebenso fehlt es auf dem Wege der Kimbern und Teutonen zur Donau hin nicht an Ueberbleibseln ihres Durchzuges; man wird diese zahlreicher noch finden, sobald nur dahin die Aufmerksamkeit gelenkt ist. Im Weimarschen erinnert an jene Wanderung das Dorf Teutleben, und ein anderes Teutleben ist im Koburgischen. — Wie weit aber die Kimbern und Teutonen durch das Bojerland an der Donau hinunter zwischen die Skordisken und Teuristen und Taurisken vorgedrungen, und auch dort ansässig geworden sind, zeigt eine Teutoburg in Ungarn bei dem jetzigen Dalya, welche Ptol. II, 16 „Teutoburgion", die um 400 n. Chr. geschriebene

Notitia Dignitatum ed. Seeck, Berl. 1876, pag. 188. 189. 190 „Teutiborgium", und die Tab. Peut. „Tittoborgium" nennt. — Anderseits in Frankreich begegnet Caesar B. G. VII, 31. 46 bei den Nitiobrigern an der Garonne um Agen 52 v. Chr. dem echt teutonischen Namen eines Königs „Teutomat" und seines Vaters „Ollovico". Die nächste Zufluchtsstätte in Deutschland bot den über die Elbe durch die Lüneburger Haide kommenden Kimbern und Teutonen das Harzgebirge dar, seitwärts zur Weser hin der Deister der Süntel und Solling, auf der andern Seite dieses Flusses aber das Wiehengebirge und der Osning. Dort haben die Heimathlosen deshalb am zahlreichsten sich gehalten, und es sind daselbst die meisten Spuren ihrer Ansiedelung vorhanden. Ich komme auf den Harz den Deister und Solling zurück, fasse mithin sogleich die uns vorzugsweise beschäftigende Gegend zwischen dem Wiehengebirge und Osning ins Auge; das häufige Vorkommen des Namens Teut daselbst als Ortsbezeichnung hat bereits die Aufmerksamkeit der Geschichtsforscher erregt. Wir finden bei Schildesche eine Teuthaide, einen Teut als Berg bei Almena, bei Alverdissen, bei Lüerdissen, bei Holzhausen, im letztgenannten Dorfe einen Teutehof, und einen solchen auch am Fuße der Grotenburg. Dazu kömmt, daß Tacitus in den Ann. I, 60 zum Jahre 15 n. Chr. einen Teutoburgischen Waldbezirk erwähnt, von dem er sagt, derselbe sei nahe den Quellen der Ems und Lippe, und zwar, wie aus dem Zusammenhange der Stelle hervor geht, in östlicher Richtung davon, das ist also im Osninge zwischen Bielefeld und Paderborn. Ja es wird von Einhard in der Lebensgeschichte Karls des Großen, zu dem Jahre 783 n. Chr. als Ort der Schlacht gegen die Sachsen „Theotmelli" genannt, und zwar als gelegen neben dem Gebirge, welches Osnengi heisst (Pertz, Monum. II, 447), wozu ich in Bezug auf den Namen bemerke, daß im Jul.

Honorius aus dem vierten Jahrhundert n. Chr. schon „Theutoni und Theotoni" handschriftlich neben „Teutoni und Tetoni" erscheint (Geogr. Lat. Min. ed. Riese, p. 32. 77). Der genannte Ort ist die Gegend des jetzigen Detmold; dieselbe lehnt sich an den Fuß der Grotenburg, welche die hier in Rede stehenden Ringwälle trägt. Man wird es jetzt nicht nur für möglich halten, sondern schon glaublich finden, daß eine wandernde Teutonen=
schaar auf der Grotenburg geblieben ist, und sich zu ihrem Schutze mit dem großen Hünenringe oben und der Felsenmauer unten am Berge um=
geben hat. In Folgendem möchte ich nun diese Wahr=
scheinlichkeit zur Gewißheit erheben.

Nachweis.

Man wird einwenden, daß nach Tac. Ann. I, 57—68 im Teutoburger Walde die Römer von den Cherusken geschlagen, diese also allem Anscheine nach, und nicht die Teutonen, die Bewohner der betreffenden Gegend gewesen seien. In der That, wir dürfen einer Untersuchung über die Cherusken nicht ausweichen, wenn wir schließlich die Teutonen im Besitze des Teutoburger Waldgebietes bestätigen wollen. Der Sachverhalt ließe sich am leichtesten so erklären, daß man die Cherusken als die ursprünglichen Bewohner des Landes annähme, zwischen denen eine zugewanderte Teutonenschaar ansässig geworden wäre; allein dieser Annahme widersprechen die geschichtlichen Ueberlieferungen. Claudianus sagt in seinem Gedichte De IV. cons. Hon. 452: Aus weiten Sümpfen kömmt der Cimber her; und riesenhafte Cherusken haben die Elbe verlassen. Obgleich der Dichter ein Alexandriner war, der erst um 400 n. Chr. lebte, so zeigen doch seine Werke, daß er die römischen Schriften der alten Zeit kannte, und deshalb ist es beachtenswerth, wenn er die Cherusken von der Elbe kommen läßt, woher wir auch die Kimbern und Teutonen einwandern sahen. Hören wir nun als älteste Nachricht über die Cherusken den Caes. B. G. VI, 10: Die Kundschafter thaten das Befohlene, und berichteten nach wenigen Tagen, alle Sueven, nachdem zu ihnen sichere Botschaft über das Heer der Römer gekommen sei, wären mit sämtlichen eigenen Truppen sowie denjenigen der Bundesgenossen, die sie zusammen gebracht hätten, hineinwärts bis zu den äussersten Grenzen zurück gegangen; es sei dort ein Wald von ungeheurer Grösse, welcher B a c e n i s genannt werde, dieser reiche weit hinein, scheide wie eine natürliche Mauer die C h e r u s k e n von den Sueven und wiederum die Sueven von den Cherusken, und verhindere Schädigungen und Einfälle; dort nun, wo der Wald anfange, hätten die Sueven den Anmarsch der Römer zu erwarten beschlossen. Die Sweben zogen sich vor Cäsar, welcher angesichts der jenseitigen Ubier, also bei Köln, 53 v. Chr. über den Rhein gegangen war, nach Osten zurück; dort reichten ihre Grenzen bis über die Elbe hinaus (Strabo 290; Tac. Germ. 38—45); der bezeichnete Wald bedeckte also die norddeutschen Gebirgszüge bis zum Brocken hin. Dazu stimmt Ptol. II, 11: Die Kalukonen wohnen auf beiden Seiten der Elbe, unter diesen die C h a i r u s k e n und K a m a v e n bis zum Gebirge M e l i b o k u s, von diesen östlich nahe der Elbe die Bonochaimen. Der Name B a k e n i s findet sich hier in der zweiten Hälfte des Wortes M e l i b o k u s wieder.

Es hatten sich also auf der Nordseite des Harzgebirges die C h e r u s k e n gesetzt, an der Südseite desselben die S w e b e n behauptet. Doch waren Erstere auch mehr westlich in den Deister den Süntel und Solling, und weiter über die Weser in dasjenige Gebirge gezogen, welches diesen Fluß auf der linken Seite etwa von Karlshafen bis Rinteln begleitet. Denn hier, zwischen den Quellen der Ems und Lippe einerseits und der Weser anderseits, suchte im Jahre 15 n. Chr. Germanikus mit den Römern, nachdem er durch das Teutoburger Waldgebirge in das Innere vorgerückt war, den Armin und dessen Cherusken auf, die sich daselbst alsbald auch stellten (Tac. Ann. I, 60—63). Im folgenden Sommer 16 n. Chr. zog sich Armin mit seinen Leuten vor der römischen Uebermacht auf die rechte Seite der Weser in das Süntelgebirge zurück, wo ihm in der schweren Schlacht auf dem Jdistavisusfelde die Stammes=genossen aus dem Deister dem Sollinge und Harze halfen; es war unter ihnen verabredet, daß im schlimmsten Falle mit einander Alle gegen die Elbe hin entweichen sollten (Tac. Ann. II, 5—25). Dazu kam es jedoch nicht; die Römer vielmehr traten einen fluchtähnlichen Rückmarsch an, worauf sich die Cherusken, sowohl an der Weser alsauch am Harze, in ihren einmal gewonnenen Sitzen behaupteten. Dieses geht aus einer Nachricht über sie in Tac. Germ. 36, mithin vom Jahre 98 n. Chr. hervor, welche lautet: An der Seite der Chauken und Chatten haben die Cherusken, lange unangefochten, in einem allzu dauernden und erschlaffenden Frieden dahin gesessen. Die Chatten waren nämlich auf der Westseite der Weser ihre südlichen, die Chauken auf der Ostseite des Flusses ihre nördlichen Nachbaren. Wir entnehmen dieser Darstellung, daß neben den Teutonen im Osninge zwischen Bielefeld und Paderborn, östlich im Weser=gebirge von Rinteln bis Karlshafen die Che=rusken gewohnt haben, und daß beide Volksstämme früher von der Elbe her erst dorthin eingewandert sind. (Vergl. Wilh. Engelb. Giefers, Beiträge zur Gesch. und Geogr. des alten Germaniens, Münster 1852, S. 58—74).

Ich möchte sogar behaupten, die Teutonen und Che=rusken seien mit einander zu gleicher Zeit gekommen; denn je mehr ich über Letztere nachsuche, um so wahrschein=licher wird mir ihre Zugehörigkeit zu den Charuden. In Urkunden der Abtei Prüm aus den Jahren 762—943 wird ein Gau des waldigen Berglandes der Eifel „Carouvascus, Charos, Carascus, Caroscus, Caroascus,

Karascus, Carrascus" genannt (Niederrhein. Urkundenbuch, Nr. 14. 16. 31. 32. 39. 86. 180. 181); und ein römischer Grenzstein, welcher neben diesem Gau westlich von Neidenbach, nahe dem Saume des Waldes unmittelbar an der alten Römerstraße von Trier nach Köln, gefunden wurde, trägt die Aufschrift: "Finis pagi Carucum A", das ist: Grenze des Gaues der Caruken A (Bonn. Jahrb. LVII, S. 7—41 von Theod. Bergk); es sind also wol dieselben, welche Caes. B. G. II, 4 unter anderen germanischen Stämmen als "Caeroesi" aufführt, und an die noch jetzt die Ortsnamen Caros und Caroscou im Luxemburgischen erinnern (Alb. Forbiger, Alte Geogr. von Europa, 2. Aufl. Hamburg 1877, S. 276—282). Ich bemerke dazu, daß dieser Gau derjenigen Gegend südöstlich benachbart ist, in welcher Cäsar jene Abuatuken bekriegte, von denen er hörte, daß sie ansässig gewordene Kimbern und Teutonen seien. Weiter südlich liegt an der Mosel Diebenhofen, in Einh. Ann. und der Vita Car. Magn. zu den Jahren 772 und 783 "Theodone villa, Teodon villa" (Pertz, Monum. I, S. 151. 165. 221) genannt; nördlich von Trier ein Ort Dobenburg, im Kreise Aachen ein Landgut Namens Teut. Ebenso sollen nach Appian. Celt. 1 die mehr westlich in den Ardennen sitzenden Nervier von den Teutonen und Kimbern abstammen, oder vielleicht richtiger gesagt, zugleich mit denselben von der Ostsee hergekommen sein; sie rühmten sich nach Tac. Germ. 28 ihrer germanischen Abkunft, Strabo 194 nennt sie auch Germanen; und es scheint allerdings der Stadtname Cambray oder Camerik (das alte "Camaracum" des Itin. Anton. 377. 379 und der Tab. Peuting.) auf eine Gemeinschaft mit den Kimbern hinzudeuten. Was schließlich die Benennung des Gaues "Carouvascus, Charos, Caroscus, Carucum, Caeroesorum" betrifft, so ist dieselbe einerseits derjenigen der Charuden, anderseits der Cherusken auffallend ähnlich.

Letztere finde ich in Tac. Ann. I, 56. 59 nach dem Cod. Med. „Cherusci und Cerusci", in Vell. II, 105 nach dem Cod. Amerbach. „Ceruissi", in Jul. Honor. 13 nach den verschiedenen Cod. „Cerissi, Cheressi, Ceressi", in Ptol. II, 11 nach den vorhandenen Cod. „Charkikoi, Chairouskoi, Chairousikoi" und deren Land im Dio LIV, 33; LV, 10; LVI, 18 nach dem Cod. Med. b „Cherouseis, Cheirouskia, Cherouskis" geschrieben; es scheint mir demnach das Wort aus Charu mit der altnordischen Ableitungsendung sk zusammen gesetzt, und die Charudischen zu bedeuten.

Und wirklich sind auch in den Ann. Fuldens. zum Jahre 852 bei Pertz I, S. 368 die am nördlichen Fuße des Harzes bis zur Weser hin seßhaften Cherusken geradezu Haruben genannt. Die Stelle lautet: Nachdem also Ludowig an dem Orte, welcher Mimida heisst, neben dem Flusse, den Cornelius Tacitus als Geschichtschreiber der von den Römern in diesem Volke ausgeführten Thaten den Visurgis, die Neuern aber die Wisaraha nennen, einen Reichstag gehalten hatte, erledigte er sowohl die ihm von den Leuten vorgetragenen Angelegenheiten nach genauer Prüfung, alsauch nahm er die ihm selbst zufallenden Besitzungen nach Entscheid der Richter des Volkes entgegen. Von da ging er durch die Angern die Haruden die Suaben und Hohsingen, entschied in den einzelnen Aufenthaltsorten, sowie es die Gelegenheit mit sich brachte, die Rechtssachen der Leute, und betrat dann Thüringen, wo er bei Erphesfurt einen Landtag hielt. König Ludwig der Deutsche (843—876) durchreiste also von Minden an der Weser das Land in südöstlicher Richtung bis Erfurt. Dieser Weg führte ihn zuerst durch die Angern, etwa zwischen Bückeburg Hannover Hildesheim, dann durch die

Haruben an der Nordseite des Harzes, in der Gegend von Gandersheim Goslar Halberstadt, darauf an der Südseite des Gebirges bei Duderstadt Nordhausen Wallenstedt durch die Nordschwaben, und weiter durch den Gau der östlich von der Werra an der oberen Unstrut wohnenden Hessen. Die Erwähnung der Haruden und Suaben in obiger Stelle erinnert uns an jene älteste Nachricht Cäsars, wonach der Bakeniswald wie eine natürliche Mauer die Cherusken und Sueven trennt. Die Nordschwaben und Thüringer, letztere die alten Hermunduren (Tac. Germ. 41; Dio LV, 10, a bei Dindorf), sind suevischen Stammes (Alfred Kirchhoff, Thüringen doch Hermundurenland, Leipz. 1882). Die Cherusken aber gehören zu den Haruden; von diesen ist sicherlich die in alten Urkunden erwähnte „Hartesburc" jetzt Harzburg, der „Hartingowe" oder Harzgau, und das ganze Waldgebirge der Harz benannt. In der Lebensgeschichte der heil. Liutbirg bei Eccard histor. genealog. Princ. Saxon. cap. 1, pag. 525 heißt es von einem Kloster bei Queblinburg, es sei gelegen „in pago Harthagewi in saltu qui vocatur Harz, qui dividit Saxoniam et Thuringiam."

Wie nun dort in der Eifel und an den Arbennen eingewanderte Kimbern Teutonen Charuden neben einander saßen, so meine ich, haben auch im Osninge und Wesergebirge eingewanderte Teutonen und Cherusken zusammen gewohnt. Es scheint selbst neben ihnen nicht an Kimbern gefehlt zu haben; denn die Sygambern, auch „Sugambri und Sigambri oder Sycambri Sucambri Sicambri" genannt (Hor. Od. IV, 2; Strabo 290; Caes. B. G. IV, 16; Juven. I, 147; Appian. de reb. Gall. 4; Sueton. Oct. 21), die aus dem Rothhaargebirge des Süderlandes oder Sauerlandes nördlich bis zur Lippe und östlich bis zum Osning reichten (Dio LIV, 33; Ptol. II, 11) möchten sich bei näherer

Prüfung als **Subgambern**, das ist Süd=Kimbern er=
weisen, die „Gambrivii" in Tac. Germ. 2 und „Guberni"
in Plin. Nat. Hist. IV, § 105. Unter ihnen kömmt bei
Strabo 292 aus dem Jahre 17 n. Chr. der Name eines
Anführers „Deudorix" vor, der echt teutonisch klingt und
unser „**Dietrich**" ist. Dieses Alles zeigt an, daß die Kim=
bern und Teutonen und alle sonst noch von der Ostseeküste
mitziehenden Stämme, wie es naturgemäß bei solchen Aus=
wanderungen zu geschehen pflegt, schon auf ihren Zügen
durch Deutschland hin, ebenso wie später nachweislich bei
ihrem Zusammenstoße mit den Römern in Südfrankreich und
Oberitalien, **schaarenweise untermischt** waren, und
zwar so, daß jede einzelne Schaar größtentheils nur aus
den Zugehörigen einer Familie, einer Gemeinde oder eines
Gaues bestand. Jener oben inbetreff der Cherusken gemachte
Einwand spricht also schließlich für, und nicht gegen unsere
Annahme, daß **nämlich auf der Grotenburg bei
Detmold sich eine Teutonenschaar niederge=
lassen habe.**

Nach dieser Voruntersuchung schreite ich nun zum urkund=
lichen Nachweise; derselbe ist möglich geworden seit dem Er=
scheinen der „**Lippischen Regesten**, aus gedruckten und
ungedruckten Quellen bearbeitet von O. Preuß und A.
Falkmann; Lemgo und Detmold 1860—68". In Urkunden
des Königs Heinrich II vom 20. Juli 1005 und vom
10. April 1011 wird unter benachbarten Gauen auch „Tiet-
melle" oder „Thiatmalli" genannt (Lipp. Reg. Nr. 13.
16). Zu diesem Namen finde ich bei Pertz, Monum. I,
p. 164. 165. 221. 350. 559; II, p. 447; V, p. 38; VI,
p. 560 und bei Joh. Herm. Schminckius, Eginhartus
de vita et gestis Caroli Magni folgende Lesarten:
„Theotvvaldi Theotmali Theotmallim Theodmalli Teot-

melli Theothmelli Theotinelli Thietmelle Teotmala
Thiotmellie Thiotmelli Thietmalli Theothmelli Teot-
malli Tehtmelli Theotmille Theotinolli Theotmolli,
Theothmolli Thietmelli Theotmala Theotmallin Theod-
maldi Theotmalli Theotmelli Theonello". Daß die erste
Worthälfte, nämlich Teot Tiet Teht oder Theot Thiot
Thiat Thiet auch Theoth Theoht dasselbe ist, was Teut
in Teutoburg, wird Niemand bestreiten. Inbetreff der
zweiten Worthälfte, nämlich Mala Mali oder Malli Melli
Mille Molli und Maldi Mellie mache ich zunächst aufmerk=
sam darauf, daß neben der Form mit einfachem l schon früh
diejenige mit ld und ll, auch eine mit lj besteht. Dieses
Mala Maldi Malli Mellie nun kömmt her von Mal, wel=
ches noch jetzt gebräuchlich ist und Zeichen, Theil, Maß
bedeutet. Unsere Sprache hat davon sowohl malen (zeichnen,
zertheilen), als auch melden (bezeichnen, anzeigen) abgeleitet.
Mala Maldi Malli Malje in obiger Zusammensetzung ist
demnach ein Umgrenztes, ein Bezirk, ein Gau; übertragen
auch der Amtsort desselben, die Malstatt, latinisirt
das mallum. Noch jetzt leitet die westfälische Mundart mit
den Endungen e de je ab, z. B. warm Wärme Wärmde,
dünn Dünje (Schläfe). In der Form Malli steht ll für
ld; das Ursprüngliche ist also Maldi. Noch jetzt gebraucht
das Niederdeutsche statt ld in der Wortmitte regelmäßig ll,
läßt aber das d, sobald es in den Wortschluß kömmt, wieder
hervor treten, z. B. gollen Gold, gedüllig Geduld. Wir
sehen ferner in Malli oder Maldi das a sowohl nach e als=
auch nach o hin ablauten, nämlich Melle Melde und Molli
Molde; und begegnen diesen Formen noch jetzt in manchen
Ortsnamen, wie Melle Gesmold Möllenbeck Versmold.
Gotisch die mulda, angelsächsisch die molde, altnordisch die
mold, althochdeutsch die molta, neuhochdeutsch die Molte,
bairisch die molt, bedeutet so viel als die lockere Erde,
das Ackerland, die Feldmark. Auch das altsächsische

molt ober maldar, latinifirt moldrum ober moltium, jetzt
Malter (ein uraltes Korn=, Holz= und Zahlmaß), sowie das
hochdeutsche Mulde, westfälisch molle auch mölje, ober=
deutsch mülte (ein Hohlgefäß und Hohlmaß), kann hier, als
zum Stamme Mal gehörig, zur Vergleichung bienen (Lipp.
Reg. Nr. 130. 191. 1730). Der alte Ausdruck Möllen=
gericht bezeichnet ein Gaugericht; und demnach bedeutet
Theotmalli den Teutbezirk, das Teutamt, den Teutgau.
Jetzt wäre es wünschenswerth, das Theotmalli näher
kennen zu lernen, insbesondere zu erfahren, was für Orte
zu demselben gehören. Eine Nachricht in der Vita Mein-
werci aus den Jahren 1015—1036 besagt, daß ein Edler
sein Eigenthum „zu Brochusun im Gau Thiatmelli" der
Domkirche zu Paderborn übergeben, und dafür das Gut
„zu Smithessun" auf Lebenszeit erhalten habe; das sind
die jetzt Brokhausen und Schmedissen genannten Dörfer
im Amte Detmold (Lipp. Reg. Nr. 21). Ein Corveisches
Güterverzeichniß, wahrscheinlich aus den Jahren des dortigen
Abtes Druthmar (1015—1046) nennt unter § 152 „Tithe-
mudele" und § 164 „Themudele" dann unter § 415
„Aldanthorpe, welches ist im Thiadmelli"; hier haben
wir allem Anscheine nach die Orte Detmold und das eine
halbe Wegstunde davon entfernte Heidenoldendorf
(Lipp. Reg. Nr. 26. 39). Denn eine Urkunde vom 17. Aug.
1339 gibt an, daß „Oldentorp" in das Kirchspiel „Detmele" gehöre (Lipp. Reg. Nr. 812). Die Kirche zu Detmold
aber war, wie Urkunden vom 21. Dez. 1357 vom 7. Mai
1395 vom 1. Febr. 1465 und 23. Febr. 1467 zeigen, dem
St. Vitus geweihet (Lipp. Reg. Nr. 1021. 1435. 2291.
2537), demnach von der dem Schutze des Bischofs zu Pader=
born und Erzbischofs zu Köln unterstellten Abtei Corvei aus
gestiftet (Lipp. Reg. Nr. 247. 338), und zwar erst nach 836,
in welchem Jahre nämlich die Gebeine jenes Märtyrers von
St.=Denys nach dem Kloster Corvei bei Höxter übertragen

wurden (vgl. Otto Preuß, die Baulichen Alterthümer des Lippischen Landes, 2. Aufl. Detmold 1881, S. 8 bis 10; dazu Lipp. Reg. Nr. 15. 19; und Wilmans, westf. Urk.-Buch, Bd. 4 Nr. 118). — Aber auch das Kloster Busdorf an der Ostseite von Paderborn hatte schon um dieselbe Zeit eine Kirche und Besitzungen im Gau Theotmalli, was wir aus einer Urkunde vom 25. Mai 1036 ersehen, worin als solche „Heligenkerken" mit seinen Vorwerken „Aldenthorp" und „Bardincthorp" genannt werden, es sind die jetzigen Dörfer Heiligenkirchen und Hornoldendorf und der Hof Berentrup im Amte Detmold (Lipp. Reg. Nr. 15. 35). Diese den beiden Heiligen Kosmus und Damianus gewidmete Kirche zu Heiligenkirchen ist auch meiner Ansicht nach die von Karl dem Großen, zum Danke für den im Theotmelli über die Sachsen 783 errungenen Sieg, um 785 gegründete Capella Sancti Adjutorii (vgl. O. Preuß, Baul. Alterth. des Lipp. Landes, S. 146. 156; dazu Lipp. Reg. Nr. 1), in der dann 799 Pabst Leo III, als er Karl den Großen zu Paderborn besuchte, einen Altarstein weihete, und die schon, wie es scheint, um 1263 einen Archidiakonus hatte (Lipp. Reg. Nr. 198; dazu Schaten I, c. p. 104). Das erwähnte Altarblatt ließ Bischof Meinwerk, zufolge einer Urkunde vom 2. Jan. 1023, „aus der Kirche zu Thietmelle" in das von ihm an der Westseite von Paderborn gegründete Kloster Abbinghof herüber holen (Lipp. Reg. Nr. 30). Das fragliche Archidiakonat aber wird von Heiligenkirchen während der Jahre 1263—1339, ebenso, wie zuvor dasjenige von Oerlinghausen, an Lemgo übertragen sein, und letzterem wurde auch die zweite Kirche des Gaues Theotmalli, nämlich diejenige zu Detmold unterstellt (Lipp. Reg. Nr. 1425. 2166. 2291; dazu G. Jos. Bessen, Gesch. b. Bisthums Paderborn, Paderb. 1820, I, S. 294). — In das Kirchspiel Detmold nun, und somit in das Theotmalli, gehören nach Urkunden vom 22. Juli 1352 vom

8. Sept. 1440 vom 9. Aug. 1455 vom 29. Sept. 1494, außer den schon angeführten Oertern, auch „Schönenhaghene Valhausen Remmichhausen Hiddesen", die jetzigen Dörfer Schönhagen Vahlhausen Remmighausen Hiddesen (Lipp. Reg. Nr. 954. 1992. 2166. 2817). In das Kirchspiel Heiligenkirchen, und also ebenfalls in das Theotmalli, gehören nach Urkunden vom 17. Aug. 1339 vom 10. Nov. 1523 noch die Dörfer „Vromenhusen" und „Beerlbeke", jetzt Fromhausen und Berlebeck (Lipp. Reg. Nr. 812. 3116). — Angemerkt sei schließlich eine Schenkungsurkunde aus den Jahren des Bischofs Immad von Paderborn (1052—1076), in der ein einzelner nicht näher bezeichneter Hof „im Gau Thietmelle", ein zweiter im Dorfe „Aldenthorp", Land in „Remikenhusen", Wald im „Bennenberge" erwähnt wird; Letzteres ist der Bannenberg bei Schmedissen (Lipp. Reg. Nr. 37).

Während uns das oben zuerst genannte Brokhausen zeigt, wie weit etwa der Gau Theotmalli nach Nordosten gereicht habe, steht in der südwestlichen Grenze desselben der Falkenberg. Die auf diesem von Bernhard II E. H. zur Lippe und dessen Sohne Hermann II um das Jahr 1194 erbaute Burg, jetzt in Trümmern (O. Preuß, Baul. Alterth. des Lipp. Landes, S. 96), erhielt als ihren Bezirk wahrscheinlich den „Gesinegau" (vielleicht richtiger Hesinegau noch jetzt im Volksmunde das Hasenamt) mit den Oertern Holzhausen Horn Meinberg Kohlstätt Oesterholz Schlangen, dazu vom Theotmalli das Kirchspiel Heiligenkirchen, wie eine Urkunde des Bischofs Bernhard II (1186—1203) und zwei andere vom 29. Sept. 1405 und von 1410, verglichen mit zwei Urkunden aus den Jahren Meinwerks (1015—1036) und einer vom 6. Juli 1320 zeigen (Lipp. Reg. Nr. 105. 1642. 1724 und 13. 20. 655). Nimt man noch hinzu eine weitere Urkunde vom 16. Okt. 1344, verglichen mit zwei späteren vom 21. Febr. 1406 und 13. April 1460, so läßt sich auch die Grenze des Gaues Theotmalli in der jenseit des Osninggebirges befindlichen Senne verfolgen, nämlich von der Falkenburg durch die Quelle der Berlebecke über „Natensande" jetzt Nassensand bis zu den „Teichen in der Sende" bei dem jetzigen Dorfe Haustenbeck, und von da nördlich nach dem „Doren Bome", von dem die Dörenschlucht und der Dörenkrug sowie der Platz des 1780 angelegten Ortes Augustdorf „in den Dören" benannt ist (Lipp. Reg. Nr. 853. 1650. 2230; dazu O. Preuß, Baul. Alterth. des Lipp. Landes, S. 137).

In frühester Zeit hatte das Theotmalli einen Gaugrafen, dessen Hof zu Detmold war. So hält nach einer Urkunde vom 15. Aug. 1365 „Johann de Zedeler, Freigraf des Junkers Simon (III) zur Lippe, und geschworener Gograf des Gogerichts im Kirchspiele zu Detmele ein Gogericht zu Bizehusen ab", jetzt Biesen, eine Bauerschaft im Amte Detmold; das zweite Kirchspiel im Theotmalli, nämlich Heiligenkirchen, war damals schon zur Vogtei der Falkenburg geschlagen (Lipp. Reg. Nr. 1132. 1724). Nach einer Urkunde vom 29. Juli 1438 erscheinen vor „Hermann Otinghusen Lippischem Gografen" selbst, inbetreff des „Brinkhofes zu Moesbecke" jetzt Mosebeck, die klagenden Parteien „auf dem Vryenhove zu Detmold", das heißt auf dem Freien Hofe, nämlich auf dem Hofe des Freigrafen oder Gaugrafen in Detmold (Lipp. Reg. Nr. 1969). Die kleineren Ortschaften des Theotmalli besaßen außerdem ihre Hagengerichte, denen daselbst seßhafte Eble als Hagenrichter vorstanden; so zum Beispiel nach einer Urkunde vom 25. Nov. 1379 die Bauerschaft Spork bei Detmold, wo „Gottschalk von Ghumeren ein Gut, den Zehnten, das Hagenrecht und Gericht" hatte (Lipp. Reg. Nr. 1294). — Bald nach 1300 bauten die Eblen Herren zur Lippe eine Burg in das

Theotmalli, nämlich diejenige zu Detmold. In einer Urkunde vom 6. Juni 1328 wird ein „Konrad advocatus in Detmelle" genannt, und derselbe Konrad kömmt in einer anderen vom 14. Sept. 1330, als „advocatus noster in Detmelde vor"; er war also Burgvogt zu Detmold im gleichnamigen Gau, für den wir hier beide Namensformen, Detmelle und Detmelbe, neben einander haben (Lipp. Reg. Nr. 717. 734). Um 1350 erhob Graf Otto, damals in Blomberg wohnhaft, Detmold zur Stadt; und 1511 erwählte sie Simon V zur Residenz. In einer Urkunde vom 21. Dez. 1357 sagt Otto: „Unser Stat to Detmelle"; diese Art der Bezeichnung lehrt, daß man sich damals des Gaunamens noch wohl bewußt war (Lipp. Reg. 1021. 853; vgl. A. Falkmann, Beiträge zur Geschichte des Fürstenthums Lippe aus archivalischen Quellen, 1. Heft, Lemgo und Detmold 1847, S. 169—175.)

Der gegebene Nachweis genügt, um zu zeigen, daß der Gau Theotmalli ungefähr dasselbe war, was heutiges Tages das Amt Detmold ist. An der östlichen Hügelkette reichte derselbe von Ober-Schönhagen bis Biesen, im Thale der Werre von Schmedissen bis Heidenoldendorf, im Osninggebirge von Berlebeck bis zur Dörenschlucht, und in der Senne von Haustenbeck bis Augustdorf. Eine Linie, welche diese Punkte ringsum mit einander verbindet, umschreibt das Theotmalli ziemlich richtig. Es wird begrenzt vom Havergau gegen Oerlinghausen, vom Limgau gegen Lemgo, wahrscheinlich vom Gesinegau gegen Horn, vom Pathergau gegen Paderborn, und von der früher nicht bewohnten Sennerhaide gegen Delbrück hin (vgl. Lipp. Reg. Nr. 12. 13. 16. 34). Ueberschauen wir das Theotmalli von Nordosten nach Südwesten, so besteht es zunächst aus der genannten Hügelkette, die durch ihre Thalgründe hinab größtentheils bebaut ist, sodann aus der sich erweiternden Thalebene der Werre, mit Wiesen und Weiden und

mit dem Hauptorte Detmold an diesem Flusse, weiterhin aus dem bezeichneten Abschnitte des bewaldeten Osning=
gebirges, worin die Grotenburg den Mittelpunkt bildet, und jenseit des Waldes aus einem Stück der großen Haidefläche, welche Senne genannt wird. In diesen Sennetheil reichen die Quellbäche der Ems und Lippe hinauf; die beiden Quell=
gebiete nähern sich bei Haustenbeck einander bis auf tausend Schritt. Man sieht dort das Osninggebirge mit seinen Quer=
thälern, die in die Senne auslaufen, nahe vor sich. Wir durchschreiten den Gau Theotmalli nach seiner Länge von der Hügelkette bis zur Sennengrenze in vier Stunden, nach seiner Breite von der Dörenschlucht bis zum Falkenberge in zwei Stunden. Ich mache besonders noch darauf aufmerk=
sam, daß die Strecke von den nächsten Quellen der Ems und Lippe bis zur Grotenburg hinauf auch nur zwei Stunden Weges beträgt, ein Verhältniß, welches für unsere Unter=
suchung wichtig ist.

Tacitus berichtet nämlich, wie schon erwähnt, in den Ann. I, 60 zum Jahre 15 n. Chr., daß Germanikus, mit seinen Truppen theils von der Emsmündung theils von der Lippemündung herauf kommend, das Heer bis zu den Aeußersten der Brukteren geführt, und daß er verwüstet habe, was nur zwischen den Flüssen Ems und Lippe inne liege, und fährt dann fort „gar nicht weit von dem Teutoburgischen Saltus, in welchem, wie gesagt wurde, die Ueberreste des Varus und der Legionen noch unbestattet lagen." Ich komme auf die Bedeutung des in Vorstehendem nicht übersetzten „Saltus" zurück. Hier ist zunächst die Hauptsache, daß es gerade in derjenigen Ge=
gend, die wir vorhin aus Urkunden als „Teotmala oder Theotmalli" kennen gelernt haben, eine „Teutoburg" gab. Gelingt es uns, diese in dem Gau Theotmalli aufzufinden,

so haben wir unsern Beweis damit einen Schritt weiter geführt.

In einer Urkunde, deren fehlendes Datum durch einen dazu gehörigen Revers vom Jahre 1410 und durch eine ebenfalls darauf bezügliche Urkunde vom 20. Sept. 1411 ergänzt werden kann, lesen wir, daß zum Schlosse „Valkenberg" unter anderen Ortschaften auch der Hof „to Wammentorpe" gehörte, und „to dem Toyte twe Huss". Dieses sind drei Höfe am Fuße der Grotenburg, zwischen Heiligenkirchen und Detmold, nämlich Wantrup und Warweg und Teutehof (Lipp. Reg. 1724. 1761). Deutlicher noch werden die zwei Häuser zu dem Toyte, auf die es uns hier ankömmt, bezeichnet in einer Rechnung über den herrschaftlichen Haushalt des Amtes Falkenberg durch den Amtmann Hermann Obinghausen vom April 1409 bis Februar 1410, wo als mit zu Heiligenkirchen gehörig nach einander folgen „der Meier zu Wamelinctorp, Cord to dem Toyte und Hermann to dem Toyte", also wieder Wantrup, Warweg, Teutehof (Lipp. Reg. Nr. 1660). Daß wir uns inbetreff der letztgenannten beiden Höfe nicht irren, zeigt erstens eine Rechnung von 1385, worin schon der „Waremeyger to dem Toyte" vorkömmt, zweitens ein altes Schatzungsregister aus den Jahren um 1390, welches unter den Ortschaften des Kirchspiels Heiligenkirchen unmittelbar nach dem gleichnamigen Dorfe aufführt: „In dem Toyte Waremeyer und Nolte", drittens ein Rentregister von 1474, wo neben dem „Warmeier" ein „Hermann to dem Toidte" steht, und viertens eine Aufzeichnung vom Jahre 1564, worin der Tötemeier genannt wird „Toidt-Luike", sowie in einem Regierungsprotokolle von 1568 „Lüdecke zum Toidte" (Lipp. Reg. Nr. 1391. 1553; dazu Nr. 1660 und ein Schreiben des Hrn. Geh. Oberjustizrathes O. Preuß bei Heinr. Böttger, Hermann der Cheruskerfürst, Hannover 1874, S. 191). Es hat also, trotzdem die Namen der Eigenthümer auf beiden Höfen mehrfach wechselten, Grund und Boden derselben, unterhalb der Felsenmauer an der Grotenburg gelegen, durch alle Zeiten die gleiche Benennung behalten, nämlich „zum Toyte oder im Toyte", und zwar bis auf den heutigen Tag; denn ich selbst habe während der Jahre 1852—58 von den Bewohnern zu Hiddesen und Heiligenkirchen an der Grotenburg die östliche sanft ansteigende Seite dieses Berges nicht anders als „im Teute" nennen gehört.

Der ganze Berg aber, welcher von drei Seiten frei liegt, und sich durch seine schöne Wölbung und seine das Gebirge beherrschende Höhe auszeichnet, heißt Grotenburg. Dieser Name kömmt zum ersten Male urkundlich in einem Schatzregister von 1548 als „De Grote Borg", sodann in einer Rentrechnung des Amtes Detmold von 1578 bei Erwähnung eines Kampes an der „Grotenborg", auch in einer Tauschurkunde von 1579 als „Groteborg", und später oftmals vor (O. Preuß, Baul. Alterth. des Lipp. Landes, S. 5; dazu das oben erwähnte Schreiben desselben). Unser Beweis wird hierdurch insofern unterstützt, als damit ausgesagt ist erstens, daß der in Rede stehende Berg eine Burg getragen habe, was wir auch nicht bezweifeln, wenn wir die Befestigungswerke an seinem Abhange und Gipfel betrachten, und zweitens, daß es eine große Burg gewesen sei, was wir gleichfalls zugeben, wenn wir den Flächenraum übersehen, den diese Wälle umschließen. Man sagt jetzt zwar nicht „Groteburg" sondern „Grotenburg"; allein das eingeschobene n verlangt die deutsche Sprache in solchen Zusammensetzungen, z. B. in Oldenburg, Breitenheide, Nassengrund, oder grammatisch ausgedrückt, der Sprachgebrauch nimt diese Ortsnamen vom Dativus loci her, z. B. die weiße Burg, zur weißen Burg, Stadt Weißenburg. Vorliegenden Falles nun ist die Grotenburg, in welche sich, wenn ein feindlicher Einfall drohte, sämtliche Bewohner des

Theotmalli mit Weib und Kind und Vieh um die Wohnung ihres Führers zu gemeinsamer Vertheidigung zusammen ziehen konnten, so benannt im Gegensatze zu den kleinen Burgen, die entweder Vorwerke der großen bildeten, oder in denen nur die Bewohner eines oder einiger Gehöfte sich bargen. Auch solche gab es und gibt es rings um die Grotenburg, z. B. die „Spreckenborg" oder „Sprekenborch" auf Sprengers Helberge (Lipp. Reg. Nr. 1660. 1724), dann unterhalb des Schlinges eine auf dem Hofe Tötemeier, weiter in Heiligenkirchen eine auf dem Kolonate Köllermeier Nr. 3, die größte und am besten erhaltene auf dem Hofe des Meiers Wantrup Nr. 1, und auch in Hibbesen eine auf dem Kolonate Meier Nr. 1 (vgl. O. Preuß, Baul. Alterth. des Lipp. Landes, S. 133—135).

Die Grotenburg war eine Heeresburg. Was ich sonst von Schanzen im Amtsbezirke Detmold gefunden habe, z. B. am Weinberge hinter Detmold, an der Sternschanze hinter Hibbesen, die Wälle südlich vom Donoper Teiche, ein Querwall in der Dörenschlucht, verdient nicht den Namen einer Burg und trägt auch nicht das Gepräge eines solchen Alters, wie das noch vorhandene Stück der Felsenmauer an der Grotenburg. In den „Lokaluntersuchungen, die Kriege der Römer und Franken betreffend, von L. Hölzermann, Münster 1878" ist ebenfalls nichts Weiteres der Art innerhalb des in Rede stehenden Umkreises erwähnt. Ich schließe aus Obigem, daß die sogenannte große Burg oder Grotenburg jene von Tacitus gemeinte „Teutoburg" sei, und daß davon der Waldbezirk ringsum den Namen „Teutoburgiensis Saltus" erhalten habe.

Was nun die Bedeutung des Wortes Saltus betrifft, so ist hier eine im Würtembergischen bei Rottenburg 1850 gefundene, jetzt in Stuttgart aufbewahrte Inschrift lehrreich, welche lautet: „In honorem Domus divin. ex decreto ordinis Saltus Sumelocennensis curam agentib.

Jul. Dextro et G. Turran. Marciano", übersetzt: Zur Ehre des Kaiserhauses, nach Beschluss des Gemeinderathes im Saltus Sumelocennensis, unter Aufsicht des Julius Dexter und Gajus Turranius Marcianus. Die Inschrift stammt sichtlich von einem neu errichteten öffentlichen Gebäude einer bei Sumelochen (jetzt Sülchen) entstandenen römischen Stadt (jetzt Rottenburg). Der dazu gehörige ganze Bezirk, ein walbiger Berggau, heißt Saltus Sumelocennensis; derselbe wird in einer bei Köngen Oberamts Eßlingen gefundenen, gleichfalls in Stuttart aufbewahrten Inschrift, auch „Civitas Sumalocennensis" genannt. (Das Königreich Württemberg, Stuttg. 1882, I. Bd. S. 149. 154.) Hieraus entnehmen wir für unsern Fall, daß die Römer mit dem Ausdrucke Saltus Teutoburgiensis den zur Teutoburg gehörigen Bezirk oder Gau bezeichnen wollten. Bei den römischen Feldmessern nämlich, von denen immer eine Anzahl jedes Heer begleitete, um Lager und Wege für dasselbe abzustecken und in den Städten die Einquartirung zu besorgen (Veget. II, 7), war der Saltus ein Flächenmaß für etwa 800 Morgen Gemeindegrundes (Varr. de Re rust. I, 10); und es lag ihnen daher nahe, einen deutschen Gau mit diesem Worte zu benennen. Wir haben also in Teutoburgiensis Saltus die römische Bezeichnung für das Theotmalli; damals bildete die Teutoburg den Mittelpunkt dieses Gaues, später nach Zerstörung derselben der Gaugerichtshof Detmold.

Ist dieser Schluß richtig, so müssen die in Tac. Ann. I, 61 enthaltenen Angaben über den „Teutoburgiensis saltus" auf den Gau Theotmalli oder das jetzige Amt Detmold in allen Einzelheiten passen. Wir lesen: Nachdem Cäcina voraus gesandt war, um das Verborgene der Gründe zu durchsuchen, auch Brücken und Wegdämme über feuchte Sumpfstellen und trügerische Strecken zu legen, betraten sie die traurigen Oerter, schrecklich für den Anblick und die Erinnerung. Der römische Oberfeldherr Germanikus war nämlich, nachdem er die Brukteren in der Gegend von Beckum besiegt und ihr Land verwüstet hatte, bis zu den Quellen der Ems und Lippe vorgerückt. Er stand mit dem Heere etwa zwischen Haustenbeck und Stukenbrok in der Senne. Dort sagte man ihm, daß in dem vor Augen liegenden Gebirge das Varianische Schlachtfeld sehr nahe und noch mit den Gerippen der nicht begrabenen römischen Soldaten bedeckt sei. Er wünschte, diese Schande auszutilgen, und beschloß, seinen Feldherrn Cäcina mit vier Legionen in das Gebirge voraus zu senden, um es von Feinden zu klären, selbst aber mit den anderen vier Legionen nachzurücken, um die Gefallenen zu bestatten. Die oben von Tacitus erwähnten Schluchten oder Gründe nun, in welchen Feinde verborgen sein konnten, sind die zahlreichen nach der Senne hin sich öffnenden Querthäler des Osnings, unter denen die Breite Nath und die bei Nassensand auslaufende Große Egge, sich durch ihre Länge und versteckten Seitenwinkel auszeichnen. Ebenso verborgen sind aber auch auf der andern Seite des Gebirgsrückens die Schluchten, welche in das Thal von Horn und Holzhausen, von Berlebeck und Heiligenkirchen, in die Ebene von Detmold, in das Heidenthal bei Hibbesen, und nach dem Grunde des Donoper Teiches hin sich öffnen. Hatte nun Cäcina jene und diese durchsucht und die beherrschenden Berghöhen mit seinen Leuten besetzt, so lagen vor ihm die feuchten Sumpfstellen und trügerischen Felder, nämlich die Pivitsheide und das Hörster Bent, das Hibbeser und Heidenoldendorfer Bent, das Detmolder Bruch und die Jerxerheide, sowie die an der Werre nach Meinberg und an der Wiembeck nach Horn sich hinauf ziehenden nassen Wiesengründe, über welche allerdings für ein Heer mit Lastthieren und Wagen, wenn es zur östlichen Hügelkette und weiter in das Innere des Cheruskenlandes vorrücken sollte, stellenweise Wegdämme aufgeworfen und Brücken hergestellt werden mußten. Es stimmt also die Beschaffenheit der betreffenden Gegend zu den Angaben des Tacitus; doch kann uns dies eine Zeugniß nicht genügen. Ist der bezeichnete Berggau um die Grotenburg wirklich der Teutoburger Waldbezirk, so dürfen wir erwarten, daß darin die Spuren jenes von Varus im Herbste 9 u. Chr. am Abend des ersten Schlachttages aufgeworfenen Nachtlagers gefunden werden, desjenigen, von dem Dio LVI, 21 sagt: Und deshalb nun machten sie ein Lager, nachdem sie irgend eine passende Stelle, so weit es eben auf einem waldigen Berge möglich war, dazu gewählt hatten, und von dem Tac. Ann. I, 61 folgende kurze Beschreibung gibt: An dem halb eingerutschten Walle, an dem seichten Graben erkannte man, dass sich hier die Ueberreste des schon zusammen gehauenen Heeres gesetzt hatten. Erdwerke auf waldigem Boden pflegen vom Anbau nicht so leicht berührt, vom Wetter nicht so bald verwischt zu werden; und in der That liegt von dem gesuchten Lager der Aufwurf und Graben noch ziemlich erhalten vor unsern Augen da. Es ist der wohlbekannte, bis jetzt aber in Hinsicht auf seinen Ursprung und seine Bestimmung ein Räthsel gebliebene, Kleine Hünenring an der Grotenburg, zwischen der Felsenmauer unten und dem Großen Hünenringe oben, etwa 350 Schritt unterhalb des letzteren auf einem flachen Bergabhange gelegen, und von dem zur Teutoburg hinauf führenden Wege durchschnitten. Wie dieses Lager gerade dahin gekommen ist, läßt sich, Dank den nicht allzu spärlichen Ueberlieferungen, noch mit Sicherheit aus der damaligen Kriegslage, insbesondere aus dem Freundschaftsverhältnisse des Varus zum Fürsten Segimer und dessen Bruder Segestes nachweisen (Dio LVI, 19;

Tac. Ann. I, 55. 58. 71; Vell. II, 118). Ebenso läßt sich leicht darthun, wenn wir die römischen Kriegsschriftsteller zu Rathe ziehen, daß das vor uns liegende Lager ein von Römerhand aufgeworfenes „Opus tumultuarium" ist (Veget. III, 8), das heißt, ein in Eile für einmaligen Gebrauch und deshalb mit weniger Sorgfalt hergestelltes Schanzwerk. Ich komme darauf zurück, und ziehe sogleich hier ein drittes Beweismittel heran.

Von dem so eben vorgezeigten letzten Nachtlager des Varus im Teutoburger Walde kann das römische Sommerlager, aus dem er nach der Lippe hin zurück zog, nur einen schwachen Tagemarsch entfernt sein, eine Strecke nämlich, wie sie das mit dem ganzen Gepäck beladene und zugleich in Kampf verwickelte Heer während einer Tagesfrist zurück zu legen vermochte, also drei bis vier Wegstunden. Durchsucht man in dieser Entfernung den nach der Weser hin gekehrten Halbkreis am Osninggebirge ringsum die Grotenburg, so findet man in Wahrheit auf dem Tönsberge bei Oerlinghausen ein großartiges Festungswerk, die Hünenwälle genannt. Zuerst bekannt in weiteren Kreisen wurde dasselbe durch einen Aufsatz der „Zeitschrift für Geschichte und Alterthumskunde Westfalens, Münster 1859, Bd. XX, S. 297" aus den 1838—41 gemachten Aufzeichnungen des Preußischen Obristlieutenants und Abth.=Chefs im Großen Generalstabe F. W. Schmidt. Seitdem hat Hr. Superintendent Wilh. Weerth zu Oerlinghausen das betreffende Lager wiederholt untersucht, und sowohl Alterthumsforscher alsauch Sachkundige vom Militär darauf aufmerksam gemacht, unter diesen den Hauptmann L. Hölzermann, welcher in seinen schon erwähnten Lokaluntersuchungen, S. 106—110 eine Beschreibung, und Taf. XLII—XLIV Zeichnungen davon gibt. Leider hatte der Letztgenannte nicht Zeit genug, um das ganze Werk gründlich zu prüfen, und die in Wald in Gebüsch und

Haibekraut versteckten Wälle genau aufzunehmen; auch in-
betreff der Deutung ist er unsicher, da er den umwallten
äußeren Raum für ein **germanisches** Lager aus der
Cheruskenzeit nach **römischem Vorbilde**, den vom inneren
Walle umschlossenen aber für ein **Sachsenlager** aus der
Zeit Karls des Großen hält, doch aber hinzu fügt: „Die
Deckung des Zuganges durch besondere Vorwälle und der
Anschluß dieser Vorwälle an den Hauptwall verräth einen
Grad von Ueberlegung und Intelligenz, welchen man den
sog. barbarischen Völkerschaften des frühen Mittelalters gewöhnlich nicht zutraut". Ich selbst habe das Lager zuerst
1851 gesehen, während der Jahre 1866—68 Gelegenheit
gehabt, es von Oerlinghausen aus näher kennen zu lernen,
und 1878 im Historisch-philosophischen Vereine zu Heidelberg dasselbe als **Sommerlager des Varus** beschrieben,
wobei mich der Vorsitzende Hr. Hofrath Prof. Dr. C. B.
Stark ermunterte, die Sache weiter zu untersuchen, Hr.
Hofrath Prof. Dr. Ed. Winkelmann mich aufmerksam machte,
zu prüfen und zu scheiden, was **den Franken**, was
den Römern angehöre. Nach einer nochmaligen Untersuchung im Frühling 1880 bin ich der Ansicht, daß die auf
dem höchsten Punkte des Lagers in Trümmern liegende
Tönskapelle, aus der fränkischen Zeit stammt (vgl.
O. Preuß, Baul. Alterth. b. Lipp. Landes, S. 156; dazu
L. Hölzermann, Lokaluntersuchungen, S. 106), das Lager
selbst aber jenes von **Saturninus** unter dem Oberbefehle
des **Tiberius** im Jahre 4 n. Chr. angelegte und dann von
Varus 9 n. Chr. wieder bezogene ist, über welches der Reiter-
oberst Vellejus in seiner Römischen Geschichte II, 105 als
Augenzeuge berichtet: Das Sommerlager dieses Jahres,
bis in den Monat Dezember hindurch gehalten, brachte
den Vortheil eines ungeheuren Sieges, und von welchem
Tacitus Ann. I, 61 zum Jahre 15 n. Chr. sagt: Des Varus
erstes Lager zeigte in seinem weiten Umfange und

abgemessenen Feldherrnplatze die Arbeit dreier Legionen. Diese Angaben des Tacitus wird der Beschauer an den **Hünenwällen auf dem Tönsberge bei Oerlinghausen**, wenn er die 20—40 Fuß hohen Wälle begeht, die 5—17 Fuß tiefen Gräben an deren Außenseite und das Fundament einer 4 Fuß dicken Mauer aus Kalkguß in deren Scheitel betrachtet, wenn er weiter die wohl umschlossene stets und stark fließende Quelle in der untersten Lagerecke, darauf das besonders umwallte Prätorium im obersten Theile in Augenschein nimt, und nun von da aus den ganzen für 20 000 Mann berechneten Lagerraum überblickt, bestätigt finden, auch dem Vellejus Recht geben, daß dieses in gleichem Abstande einerseits von der Lippe anderseits von der Weser befindliche und dorthin wie hierhin Alles beherrschende und überschauende, selbst von der Natur durch vorliegende Höhenzüge befestigte Sommerlager, als neuer von Aliso aus gegen die Chauken vorgeschobener Posten, in den Augen der Römer keinen geringeren Werth, als ein daselbst errungener Sieg gehabt habe. Eine allseitige Begründung meiner Ansicht, und insbesondere den Nachweis, daß diese einer Stadt ähnlichen Festungswerke, mit ihrem nach Paderborn an der Lippe gekehrten Eingangsthore und nach Minden an der Weser schauenden Ausfallsthore, nicht etwa ein germanisches Lager nach römischem Vorbilde, oder ein sächsisches zum Stützpunkte für die Schlacht bei Detmold bienendes, auch nicht ein fränkisches für die Schlacht an der Hase errichtetes gewesen sein können, gedenke ich, weil hier zu weit abführend, in einem besonderen Aufsatze über das Teutoburger Schlachtfeld zu geben, und lasse jetzt erst weitere Zeugnisse dafür folgen, daß die Grotenburg sich wirklich in dem Bereiche des so eben genannten Schlachtfeldes befindet.

Dio LVI, 21 fährt in seiner Erzählung über Varus fort: Im geschlossenen Zuge marschirten sie zwar am folgenden Tage auch insofern besser weiter, dass sie auf eine w a l d l o s e S t e l l e vorrückten, sie kamen aber nicht unblutig davon. Jedoch von da aufgebrochen, geriethen sie wiederum in Wälder. Suchen wir nun, ob von dem letzten Nachtlager, das ich an der Grotenburg nachgewiesen habe, auch die bezeichnete W a l b b l ö ß e zu finden sei, so brauchen wir nur, das Gesicht zur Lippe gewandt, den durch das Lager selbst führenden alten Fahrweg eine halbe Stunde zu verfolgen. Wir gelangen da über den Bergnacken hin auf e i n e s a n d i g e u n d d e s = h a l b s p ä r l i c h b e w a c h s e n e H o c h f l ä c h e, an der jetzt das Forsthaus H a r t r ö h r e n liegt. Hier ließ Varus den Zug anhalten, und in Schlachtordnung aufrücken. Hat man jedoch die nackte Bergebene durchschritten, so geht es, wie in obiger Stelle gesagt, w i e d e r d u r c h W ä l d e r, welche die Ausläufer des Gebirges und die dazwischen liegenden Schluchten bedecken, und somit hinunter zur Haidefläche nach den Quellen der Lippe. In diesen Waldschluchten, die B r e i t e N a t h genannt, endete die Varusschlacht. Gekämpft wurde am ersten Tage vom Sommerlager bei O e r l i n g = h a u s e n bis zum Nachtlager auf der G r o t e n b u r g, am zweiten von da bis zur Breiten Nath in der S e n n e.

Dieser Endpunkt des Schlachtfeldes ist von dem römischen Kastell Aliso an der Lippe nur noch fünf Stunden entfernt, was zu den Angaben des Vell. II, 120; Tac. Ann. I, 61; Joh. Zonaras X, 37; Dio LVI, 22 stimmt, wonach aus der Schlacht entronnene römische Soldaten dorthin sich retteten, sowie auch zur Angabe des Frontin. Strateg. II, 9, 4; III, 15, 4; IV, 7, 8, der zufolge Armin nach dem Siege alsbald zur Belagerung dieser Festung schritt, und um die Besatzung einzuschüchtern, Köpfe von in der Schlacht Gefallenen auf die Wälle werfen ließ. Aliso, dieses von Drusus 11 v. Chr. errichtete Kastell (Dio LIV, 33), kann also von dem Varianischen Schlachtfelde nicht etwa mehre Tagereisen entfernt gewesen sein. Es lag vielmehr, was Hr. G. Aug. B. Schierenberg (früher Burgemeister in Horn), schon 1867 richtig erkannt und in seiner Schrift „Ein historischer Spaziergang, Detmold 1875, S. 3" veröffentlicht hat, auf der Stelle des jetzigen Ringboke an der Lippe, gegenüber dem uralten germanischen Orte „Alison" (Ptol. Π, 11), jetzt Elsen, von dem es den Namen erhielt. Diese Ansicht hat auch L. Hölzermann in den Lokaluntersuchungen, S. 73—78, dazu Taf. XI. XII vertreten, und ich meinestheils habe die Absicht, die Richtigkeit derselben in einer demnächst erscheinenden Abhandlung nachzuweisen.

Durch die Auffindung des Varianischen Sommerlagers bei Oerlinghausen und des letzten Nachtlagers an der Grotenburg ist jetzt ein bis dahin unerklärter Umstand aufgehellt, nämlich die Nachricht in Tac. Ann. I, 61, daß der Oberfeldherr Germanikus, bei seiner Besichtigung des Varianischen Schlachtfeldes, zuvörderst das erste Lager des Varus getroffen habe, dann fortschreitend zum zweiten Lager desselben gekommen, und schließlich zu der Stelle gelangt sei, wo mit Varus die Letzten fielen; während man doch, wenn das Schlachtfeld nach der gewöhnlichen Vermuthung mehr ostwärts der Weser zugewandt gelegen hätte, die umgekehrte Reihenfolge dieser Oertlichkeiten erwarten sollte. Tacitus bleibt im Rechte; denn der wirkliche Sachverhalt ist folgender: Germanikus stand auf dem linken Flügel des römischen Heeres an den Quellen der Ems; Cäcina auf dem rechten Flügel desselben an den Quellen der Lippe (Tac. Ann. I, 60. 63). Nachdem nun Letzterer den Teutoburger (jetzt Lippischen) Wald besetzt hatte, etwa von Haustenbeck aus, nahm der Oberfeldherr das Varianische Schlachtfeld in Augenschein, wobei ihm die aus der Niederlage entkommenen Soldaten als Führer dienten. Etwa von Stukenbrok aus brachte den Germanikus ein einstündiger Ritt nach dem

römischen Sommerlager bei Oerlinghausen, weiter dem
Zuge des am ersten Schlachttage stattgehabten Kampfes fol=
gend, über Stapelage Hörste Hibbentrup Hibbe=
sen, ein dreistündiger Ritt nach dem letzten Nachtlager des
Varus an der Grotenburg, und von da ein anderthalb=
stündiger Ritt auf dem Wege des Entscheidungskampfes am
zweiten Schlachttage, an Hartröhren vorbei nach der
Breiten Rath, zu der Stelle, wo Varus starb, und
schließlich zu demjenigen Platze, wo Armin ein Kriegsgericht
und Siegesfest hielt.

Zahlreiche Grabhügel, welche dieses Schlachtfeld in
seiner ganzen Ausdehnung begleiten, und die daraus hervor=
gehobenen größtentheils im Museum zu Detmold aufbewahr=
ten Urnen, sind redende Zeugen des dort stattgehabten
Vorganges (vgl. Christian Gottlieb Clostermeier, Wo Her=
mann den Varus schlug, S. 112. 274; L. Hölzermann,
Lokaluntersuchungen, Taf. IX; Correspondenzblatt der deut=
schen Geschichtsvereine, 1878 Nr. 7 von E. Zeiß). Nach
Vell. II, 119 nämlich verbrannten und bestatteten die
Germanen ihre Gefallenen sofort nach der Schlacht, wäh=
rend sie, wie wir aus Tac. Ann. I, 60 ersehen, die Leich=
name der Römer den wilden Thieren zum Fraße liegen
ließen. Daß also der Teutoburgiensis Saltus, in welchem
Germanikus sechs Jahre nach der Varusschlacht auch rö=
mischerseits die Gebeine der dort Gebliebenen aufheben und
mit Erde bedecken ließ, der um die Grotenburg ge=
legene Waldbezirk, und letztere die Teutoburg
sei, wird schließlich wol keinem Zweifel mehr unterworfen
bleiben (vgl. A. Falkmann, Beiträge zur Geschichte des
Fürstenthums Lippe, Lemgo und Detmold 1856, 2. Heft,
S. 3; und Dr. H. Thorbecke, Zur Geschichte des Hermanns=
denkmals, Detmold 1875, S. 35).

Hiermit treten wir zur letzten Hauptfrage heran, nämlich wem die Teutoburg und das Theotmalli ihren Ursprung und Namen verdanken. Es ist gesagt worden, die Burg sei benannt nach „Teuto", einem Gotte der alten Deutschen. Allerdings finden wir in Tac. Germ. 2 die Nachricht: Sie preisen mit alten Gesängen, welches die einzige Art des Andenkens und der Jahrbücher bei ihnen ist, Tuisco den von der Erde geborenen Gott und seinen Sohn Mann, als den Ursprung des Volkes und dessen Erzeuger, wozu bemerkt werden muß, daß die Stuttgarter Handschrift Tristo hat, mit ver= verbesserndem Tui über der ersten Silbe, so daß entweder Tuisto oder Tuito zu lesen ist. Aber dieses Wort nun in Teuto umzuändern, haben wir bis jetzt nicht das Recht. Hier gibt vielleicht die Mundart des Gaues Theotmalli etwas Aufschluß, die sich an Urkunden bis 1300 und an einzelnen Namen und Ausdrücken bis zum Leben des Pader= borner Bischofs Meinwerk (1009—1036) hinauf vergleichen läßt (Lipp. Reg. Nr. 480. 593), und die noch heute in Detmold und Umgegend mit ihrem eigenthümlichen Vokalis= mus fortbesteht (vgl. Wilh. Oesterhaus, Juse Platt, Det= mold 1882). In einer Schenkungsurkunde aus der Vita Meinw. bei Pertz, Mon. XIII, p. 125, nr. 10 lesen wir die Namen der Eheleute „Liuthard und Norhsuit"; der Dop= pellaut ui bestand also neben iu. In der Lippischen Mundart ist diu bu dui bir, hius Haus huiser Häuser, singen saugen, suigen säugen; der Wechsel beider Doppellaute dient mithin zur Wortbiegung und Ableitung. Auch die Endungen o so sko bestanden und bestehen noch jetzt, z. B. Kuno oder Kunzo der Kühne, mennisco von Mann niederdeutsch Minske hochd. Mensch. Für den vorliegenden Fall nun sind zwei Wörter, nämlich Taite Vater von tuigen zeugen, und Tuit Zeit von toihen ziehen beachtenswerth. Stellt man damit Tuito Tuitso Tuitsco zusammen, oder wie die Römer in Ermangelung eines z schrieben, Tuisto Tuisco, so bezeichnet dieser Name den Gott als Erzeuger oder Schöpfer, was mit Tacitus erklärenden Ausdrücken origo und conditor übereinstimmt. Es war diesem Gotte der Dienstag (englisch tuesday altnordisch tysdagr) geweihet. Eine nach ihm benannte Burg müßte Tuitoburg Tuistoburg Tuiscoburg Duisburg heißen. — Was nun das Wort Teuto betrifft, so läßt sich der Sinn desselben errathen aus dem schwäbischen Diet Mensch, sowie aus dem altsächsischen Theod und gothischen Thiuda Volk, welche Wörter gleichfalls zum Stamme des goth. tiuhan, altf. tiohan (mit unterdrücktem h auch tion und tian ziehen) gehören. Diese Herleitung wird bestätigt durch das gothische Thiuth Erzeugniß Erworbenes, plur. Thiutha Güter (vgl. Jac. Grimm, deutsche Grammatik, 3. Ausg. 1. Theil, Göttingen 1840, S. 10—20). Demnach bedeutet Teuto den Erzeugten, und es haben sich die Teutonen somit nach ihrem Gotte als dessen Kinder benannt. Teutoburg könnte also sein eine Burg der Teutonen, es könnte sein die Burg eines Teuto, oder auch schlichthin eine Volksburg.

Prüfen wir die letzte Ansicht zuerst, der zufolge die Teutoburg eine dem römischen Kastell Alifo gegenüber errichtete Feste der vereinigten Germanen, ein Versammlungsort und Waffenplatz des deutschen Volkes zur Zeit der Varusschlacht gewesen sein soll, so läßt sich damit der Schlachtbericht bei Dio LVI, 20 nicht in Einklang bringen. Die Germanen gingen gegen Varus nicht von einem festen Vereinigungspunkte aus; sondern sie brachen längs dem Zuge der Legionen aus Schluchten und Dickichten hervor, wo sie sich in Hinterhalte gelegt hatten; die Zahl ihrer Streiter mehrte sich am ersten und noch am zweiten Schlachttage durch fortwährende Zuzüge. Auch nahmen nicht alle oder viele deutsche Stämme vereint an diesem Schlage

Theil; sondern von der Weser her waren es die Cherus=
ken, von der Ems her die Brukteren (Tac. Ann. I, 60,
XIII, 55), verabredet und beschworen hatten ihre Führer
unter sich den Tag des Angriffs (Vell. II, 118). Erst nach=
dem die Schlacht gewonnen war, halfen die Marsen Alifo
belagern und die römischen Posten von der Lippe der Yssel
und Aa vertreiben; die Chatten zerstörten ihrerseits das
bei ihnen von Drusus 11 v. Chr. angelegte Taunuskastell,
jetzt Saalburg genannt (Zonar. X, 37. Tac. Ann. I, 50. 56
u. II, 25; dazu Generalmajor von Veith, Vetera Castra,
Berlin 1881, S. 21—27; und Oberst A. v. Cohausen, das
Römercastell Saalburg, Homburg v. d. Höhe 1878, S. 1).
— Eine richtige Vorstellung von dem, was damals die Teuto=
burg etwa gewesen sei, gewinnen wir, wenn wir Caes. B.
G. V, 21 lesen; daselbst wird ein ähnlicher fester Platz aus
jener frühen Zeit beschrieben, wie folgt: Nicht weit von
dem Orte entfernt, so erfuhr Caesar, sei die Stadt
des Cassivellaunus, durch Wälder und Sümpfe gesichert, wo eine ziemlich grosse Menge von Menschen
und Vieh zusammen gekommen sein könne. Eine Stadt
nämlich nennen es die Britannier, wenn sie unzugäng-
liche Wälder durch Wall und Graben befestigt haben,
wohin sie dann, um dem Einfalle der Feinde aus-
zuweichen, zusammen zu kommen gewohnt sind. Diese
Stelle gibt uns das Bild einer Heeresburg. Ein Fürst,
Namens Kassivellaunus, wohnt mit seinen nächsten Ange=
hörigen auf einer unzugänglichen Waldstelle, welche noch
obendrein durch einen Wall und Graben befestigt ist. Er
nennt dieses seine Stadt oder Burg, während in der Um=
gegend zerstreut die ihn als Führer anerkennenden freien
Leute ihre Höfe haben. Droht ein Feind, dann strömen Alle
mit Vieh und Habe in den Ringwall zu gemeinsamer Ab=
wehr um ihn zusammen, bis die Gefahr vorüber ist, wo=
rauf ein Jeder mit dem Seinigen aus der Burg an den

eigenen Heerd zurück kehrt. Ruft der Fürst die Kampf=
genossen zu einem Kriegszuge auf, so erscheinen dieselben
bei ihm mit ihren Waffen; er übernimmt ihre Bewirthung
und weitere Ausrüstung, bis er mit ihnen aufbricht und sie
nun von der gemachten Beute unterhält und beschenkt. Ver=
einigen sich mehre Fürsten zu einer gemeinsamen Waffen=
that, dann sucht ein Jeder mit seinen Leuten dem Andern
nach Kräften zu helfen, und sich im Kampfe gegen den
Feind hervor zu thun, handelt aber dabei nach eigenem
Ermessen. So lehrt uns Tacitus in der Germ. 7. 13. 14
und in den Ann. II, 44—46. 88 die damaligen, zwar auf
persönliche Tapferkeit und Treue gegründeten, aber der ein=
heitlichen Leitung entbehrenden Wehrverhältnisse der alten
Deutschen kennen; von unbewohnten Ringwällen, welche
als Sammelplätze für Volksheere und als Niederlagen
für Kriegsgeräth und Mundvorrath gedient hätten,
finde ich keine Nachricht. Wohl aber sind noch Spuren sol=
cher Burgen, wie Fürst Kassivellaunus eine bewohnte, auch
in Deutschland an vielen Orten vorhanden; man lese z. B.
Paul Friedrich Stälin, Geschichte Württembergs, Gotha
1882, I. Bd. 1. Abth. S. 12. 13; oder Pfälzisches Museum,
Speier 1884, Nr. 1. S. 4 von Dr. C. Mehlis. Ueberreste
von steinernen Gebäuden, wie in den mittelalterlichen Burg=
ruinen findet man in jenen Hünenburgen nicht, weil da=
mals die Wohnungen aus Holz und Flechtwerk mit Kalk=
verputz bestanden (Tac. Germ. 16); doch zeigt gewöhnlich
ein Erdloch noch jetzt die Stelle des Kellers an. Größere
und kleinere Burgen dieser Art lernten die Römer bei den
Deutschen auch kennen. Dio LVI, 19 erwähnt feste „Plätze"
der cheruskischen Fürsten, in die Varus auf deren Nach=
suchen kleine Abtheilungen römischer Soldaten zur Besatzung
abgab. Bei Vegetius, der über Kriegswesen um 400 n. Chr.
schrieb, finden sich IV, 10 die Worte: Ein kleines Kastell,
welches sie Burg nennen; und Orosius um dieselbe

Zeit sagt VII, 32 von den Burgundern, daß sie ihre häufig in eine Umgrenzung zusammen gebauten Wohnungen gewöhnlich Burgen heissen. Schon die verwandten Wörter Burg und Berg scheinen damals neben einander bestanden zu haben. Die Not. Dign. ed. Seeck, p. 188 nennt einen „Dux Panoniae" als Befehlshaber über achtzehn Kastelle, von denen das zweite „Teutiborgio" und das neunte „Teutibarcio" heißt.

Denken wir uns demnach die Teutoburg als eine von einem Fürsten bewohnte und zugleich eine Zuflucht für seine Gaugenossen darbietende befestigte Stätte, so läßt sich in Bezug auf ihre Entstehung und ihren Namen wohl auch die zweiterwähnte Meinung hören, daß nämlich ein Edler beliebigen Stammes, mit Namen Teuto, die Burg erbaut und sie samt dem dazu gehörigen Gau nach sich benannt haben könne. Dann müßten wir freilich zugeben, daß schon im ersten Jahrhunderte nach der Teutonenwanderung, und zwar vor dem Erscheinen der Römer in Deutschland, der Volksname Teuto zu einem gewöhnlichen Personennamen ohne Bezug auf Abstammung geworden sei, was nicht wahrscheinlich ist. Vielmehr wird es mit Teuto ergangen sein, wie mit den jetzigen Familiennamen „Heß, Schwabe, Böhm, Düring, Holste, Wend, Friese, Sachs". Man benannte nämlich einzelne unter Fremden seßhaft gewordene Auswanderer nach ihrer Volksangehörigkeit; der Name verblieb deren Nachkommen, und wurde durch Heirath und Vermischung auch auf Andere übertragen. Dazu aber ist ein größerer Zeitraum erforderlich, als derjenige, welcher zwischen der Teutonenwanderung und dem Entstehen der Teutoburg gelegen hat. — Bei obiger Annahme müßten wir ferner zugeben, daß in nächster Umgegend der Teutoburg sich derselbe Vorgang, nämlich die Benennung einer Ortschaft nach ihrem Gründer Namens Teuto oder Tuto Tydo Tido auch Dudo Dodo Dedo, oft wiederholt habe. Es lag zum

Beispiel nahe bei Detmold, und zwar an der Stelle, wo seit 1736 die herrschaftliche Meierei Johannettenthal eingerichtet ist, eine Bauerschaft „Dedentorp oder Dedinctorp" (Lippische Landeszeitung 1883, Nr. 286. 287. 289). Auf der andern Seite des Teutoburger Waldes ist bei Lippspringe ein Dedinghausen, und weiterhin bei Lippstadt ein anderes Dedinghausen (Lipp. Reg. Nr. 1707. 410). Bei Wiedenbrück gab es ein „Tetinghausen", bei Gesete ein „Dodinchusen" (Lipp. Reg. Nr. 422. 423 und 1750 unter 80). Von der Teutoburg zur Weser hin finden wir im Amte Sternberg ein Dudenhausen; ein anderes 1407 zerstörtes Dudenhausen war im Amte Schwalenberg (Lipp. Reg. Nr. 872. 1039). Bei Blomberg liegt Tintrup ehemals „Tydentorp auch Tidentorp oder Tytentorp" genannt (Lipp. Reg. Nr. 1750 unter 15. 1904. 2089); bei Steinheim ein Tienhausen, früher Tydenhusen oder Tidenhusen (Lipp. Reg. Nr. 929. 2062); und bei Nieheim kömmt urkundlich ein jetzt nicht mehr vorhandenes „Tiddenhusen" vor (Lipp. Reg. Nr. 1509). An der Weser bei Exten gab es ein „Tuttenhusen" (Lipp. Reg. Nr. 898); und unterhalb Minden liegt Todtenhausen. Wollten wir weiterhin alle Ortsnamen dieser Art sammeln, so würde schon ihre übergroße Zahl uns obige Annahme, der zufolge sie sämtlich nach irgend einem Teuto Dudo Dedo benannt wären, zweifelhaft erscheinen lassen. Dazu kömmt, daß die Endung en althochdeutsch un on an in, inmitte dieser Zusammensetzungen nicht allein Genitivus singularis, sondern eben so gut Gen. plur. sein, und demnach zum Beispiel „Dedendorp oder Tytentorp" sowohl Dorf des Dedo oder Tyto, als auch Dorf der Deden oder Tyten bedeuten kann.

Die letzte Schwierigkeit ist beseitigt, sobald wir annehmen, der Gründer unserer Teutoburg sei seiner Abstammung nach ein Teuto, und auch seine Leute, die späteren Bewohner des Gaues, Teutonen gewesen. Diese Ansicht finde ich ausgesprochen in einer schönen Abhandlung „zur Geschichte des Rheinlandes", womit die „Westdeutsche Zeitschrift, Trier 1882" ihre Vierteljahreshefte beginnt, von Prof. W. Arnold zu Marburg, einem geschätzten Kenner der deutschen Urzeit; er sagt S. 8 von dem Teutoburger Walde: „Es war das Gebirge, welches Teutonen in Besitz genommen hatten." Daß sich dagegen sachlich Nichts einwenden läßt, habe ich schon in der Einleitung gezeigt; ob die Deutung sprachlich zugelassen werden kann, will ich in Folgendem kurz untersuchen. — Hätte man römischerseits die Teutoburg als eine Burg des Teuto oder auch der Teutonen bezeichnen wollen, so würde man für beide Fälle regelrecht geschrieben haben Teutoniburgium, vielleicht im ersten Falle auch kürzer Teutiburgium, im zweiten auch mit griechischem Bindevokale Teutonoburgium. Eine lateinische Wortbildung ist also Teutoburg nicht; wir haben vielmehr in diesem Ortsnamen, wie auch sonst gewöhnlich, einen germanischen Wortlaut zu suchen, den die Römer nach dem Gehör in ihrer Weise so genau als möglich niederschrieben. Leider sind uns zur Vergleichung nur wenige altdeutsche Namen überliefert, deren Sinn ohne Weiteres klar ist. Vell. II, 109 nennt Böhmen „Bojohoemum"; Tac. Germ. 28 schreibt „Boihemum" und bemerkt dazu, es sei die alte Heimath der Bojen; Strabo 290 hat „Bujaimon". In Tac. Hist. V, 20 finden wir „Batavodurum", eine Stadt der Bataver; im Flor. ed. Halm I, 38; Eutrop. V, 1; Oros. V, 16 einen „Teutobodus", mit der Nachricht, er sei König der Teutonen und Führer in der Schlacht bei Aquä Sextiä (102 v. Chr.) gewesen. Ist nun Bojohemum Bojenheim, Batavodurum Bataverstadt, Teutobodus Teutonengebieter, so steht auch der Deutung Teutoburgium als Burg der Teutonen Nichts im Wege. Die Römer hörten etwa Teutonburg, Teotonburg, Toutonburg. — In dem Gaunamen Teotonmala mußte dem Lautgesetze gemäß entweder m oder n ausfallen; daher die Lesarten Theotmalli statt Theotenmalli, und Theotinelli statt Theotinmelli. In dem Ortsnamen Theotmaldi ging vor der verstärkten Konsonanz tm der Doppellaut eo in ein kurzes e zusammen; daher jetzt Detmold. Wir dürfen also wohl annehmen, daß die Namen Teutoburg Theotmalli Detmold teutonischen Ursprungs sind, und behaupten, daß zur Zeit jener Völkerwanderung von der Ostsee her eine Teutonenschaar auf der Grotenburg sitzen geblieben ist, wo sie sich anfangs durch den Großen Hünenring und die Felsenmauer gegen die Umwohnenden geschützt hat. Nachdem für den Führer auf dem Gipfel des Berges eine Holzburg gebaut, und bald Nichts mehr von den Nachbaren zu fürchten war, zogen sich die neu Angekommenen in das Thal von Detmold und Dedendorf hinab, während ihr Burgherr auf der Grotenburg sich den Waldbezirk und den Grund der Höfe Warmeg und Teutehof vorbehielt.

Was nun in dieser Weise hier geschah, wird in Deutschland und weiter über den Rhein und die Donau hinaus an vielen Stellen sich ereignet haben, und wir dürfen daher erwarten, überall uralte mit Teuten Tuten Tüten Tieten oder Deuten Duten Doden Deden Dieten zusammen gesetzte Ortsnamen, sowie der Teutoburg ähnliche Ringwälle anzutreffen. — Nur zwei Stunden von der Grotenburg entfernt, auf der östlich von ihr gelegenen Hügelkette, an der Grenze des Gaues Theotmalli, umschließt ein aus Steinen zusammen gesetzter, 1700 Schritt im Umfange messender, jetzt leider größtentheils zerstörter Wall, der gleiches Alter mit dem Großen Hünenringe und der Felsenmauer auf der Grotenburg zu haben scheint, den höchsten Platz einer theils mit Ackerfeld, theils mit lichtem Gehölz bedeckten Bergfläche, wo jetzt die weithin sichtbare Windmühle zu Fissenknick steht.

Dieser Steinwall mit seiner Umgebung ist wahrscheinlich der Anfang des schon in den Tradit. Corbejens. ed. Wigand unter § 73 um das Jahr 1000 genannten „Meynburghun", des jetzigen sich an die Südseite des Berges lehnenden Badeortes Meinberg (vgl. G. Aug. B. Schierenberg, der Externstein, Detmold 1879, S. 55). — Bei Kassel finden wir schon ein zweites Ditmold, welches in einer Urkunde vom Jahre 1074 auch als „Thiedmali" vorkömmt (Schrader, ältere Dynastenstämme S. 221; Lipp. Reg. Nr. 15). — Im Taunus sind die Spuren teutonischer Niederlassungen häufig; man findet dort zahlreiche Ringwälle, ähnlich der Felsenmauer an der Grotenburg, zum Beispiel auf dem Altkönig, und Ortsnamen wie Dietz, Dietkirchen, Diedenberg; dazu in Wiesbaden eine „Apollini Toutiorigi" gewidmete Inschrift (Brambach Nr. 1529; und Annalen für Nassauische Alterthumskunde, Wiesbaden 1882, Bd. XVII, S. 109 von Oberst von Cohausen). — Am Harze gibt es eine Tautenburg, früher „Tutenberg" (Lipp. Reg. Nr. 3071); im Odenwalde eine halbe Stunde östlich von Wimpfen ein Duttenberg, schon im Cod. Lauresham. Nr. 2458 als „Dudenburc" erwähnt. — Versteckt im Wehrathale des südlichen Schwarzwaldes ist ein Dorf Todtmoos, und drei Stunden davon nördlich im Wiesenthale die Stadt Todtnau, das alte Tutenowa. — Auch die Schweiz hat einen Dödi oder Teut. Die Zahl der Beispiele läßt sich um viele vermehren.

Durch die bisherige Darlegung könnte ich jetzt den Beweis als gebracht erachten; jedoch in schwierigen Fällen pflegt man schließlich den Augenschein zu verlangen; die Sache selbst muß sich als solche darstellen, wofür man sie ausgibt. Ich bitte also mich zu begleiten auf den Kreinberg bei Miltenberg am Main, um dort an den noch erhaltenen Ringwällen die Art der Arbeit und Anlage kennen zu lernen. Wir nehmen dabei zur Hand, damit nichts Wesentliches unserer Betrachtung entgeht, eine Beschreibung aus dem Werke über das „Deutsche Kriegswesen der Urzeiten vom General von Peucker, Berlin 1860, Theil II, S. 385", welche lautet: „Bei Miltenberg auf dem Gipfel des 1600 Fuß über der Meeresfläche erhabenen, an der Mündung der Muda in den Main steil aufsteigenden kegelförmigen Kreinberges (auch Schloßberg oder Heag genannt), welcher nur in östlicher Richtung durch eine sanfte Abdachung mit einem fortlaufenden Landzuge verbunden ist, nach Süden, Westen und Norden aber in steilem Abfall von den Thälern der Muda, Erf und des Mains getrennt ist, erhebt sich ein noch jetzt in seinem ganzen Zuge erkennbarer mächtiger, von einem Graben umgebener doppelter Steinring. Von ihm aus werden die Thäler der Muda, der Erf und des Mains vollkommen eingesehen, und es fällt seine Erbauung vielleicht in die Zeit, wo Drusus das Main- und Kinzigthal durchzog. Der äußere Ring dieses Doppelwalles hat eine elliptische Form, einen Umfang von 1524 Schritt und auf der Ostseite, wo der Zugang fast eben ist, eine äußere Höhe von noch gegenwärtig fünfzehn Fuß, auf den übrigen Fronten aber, wo die Bergabdachung steil abfällt, eine geringere Höhe, die an einzelnen Stellen nach Maßgabe dieser Abdachung bis auf acht Fuß herab sinkt. Die innere Höhe ist dabei auf allen Fronten um einige Fuß niedriger gehalten als die äußere. Auf der Ostseite führt ein Zugang in das Innere, und zwar zunächst in den zweiten derartigen Steinwall, welcher einen bedeutend geringeren Umfang hat und ein Reduit für den äußeren bildet. Auch diese deutsche Wehr wurde, wie es scheint, von den Römern, nach ihrer Eroberung dahin benutzt, daß sie, als sie ihren Limes aus dem Odenwalde von Viehbrunn her nach dem Main hin zogen und hierdurch den Odenwald

mit dem Speffart in Verbindung festen, ihr Vallum un=
mittelbar folchem anschloffen, weil zur Zeit seiner Anlage
die öftliche Gegend nach dem Mubathale hin noch in den
Händen der Germanen war. Das Vallum schloß sich daher
an diejenige Front des Ringwalles an, von welcher der
Feind erwartet werden konnte, indem es sich seitwärts der
öftlichen Front in einem Bergeinschnitte einfügte, der in das
Thal der Muda hinabzieht und in mehren ununterbrochenen
Rücken fortläuft."

Ich selbst mache für unsern Zweck insbesondere auf die
Bauweise der Wälle aufmerksam. Größere und kleinere
Steine ohne Auswahl sind unbehauen, ohne Richtscheit und
Mörtel, nach Art einer Böschungsmauer eilig zusammen
geworfen, bis das Werk nach oben in einen Grat ausläuft,
der sich wie eine Brustmauer um einige Fuß von der Berg=
seite abhebt. Ich mache weiter aufmerksam auf das Ver=
hältniß des äußeren Steinringes zu dem inneren. Beide
schließen sich da an einander, wo von dem öftlichen Bergrücken her der Hauptzugang in die Wälle führt. Es ist mit=
hin der kleine Ring nicht etwa eine letzte Zufluchtsstätte für
die Vertheidiger des großen; sondern er ist das Kernwerk
oder die Burg des Ganzen, von vornherein bestimmt, die
Hauptstärke der Besatzung zur Vertheidigung des Eingangs
aufzunehmen, während der große Steinring gleichsam eine
die übrigen Bewohner umschließende Stadtmauer bildet.

Dieselbe Steinlagerung, wie in diesen Wällen, zeigt
auch ein benachbarter Hünenring, nämlich die Burgmauer
auf dem Wannenberge bei Bürgstadt, welche Herr
Forstmeister Mabler zu Miltenberg in der Allgem. Forst=
und Jagdzeitung 1831 Nr. 138 und 1832 Nr. 10 zuerst
beschrieben hat. Er gibt den Umfang des Ringwalles zu
4546 Schritt an, und sagt weiter: „Die Mauer ist nur aus
rauhen, ordnungslos auf einander gelegten Waldsteinen
(Findlingen) aufgeführt, trägt das Gepräge der Eile, ist

4*

an manchen Stellen, besonders auf der östlichen, noch bis 8 Fuß hoch, und da die Bergseiten bis zur aufgeführten Mauer meistens steil sind, so war die Erstürmung dieses festen Platzes ebenso erschwert, als ihre Vertheidigung hinter der Ringmauer erleichtert."

General von Peucker setzt die Zeit der Entstehung dieser Ringwälle in die Jahre des Drusus am Rheine, also 14—9 v. Chr. Die Römer haben nämlich ihren Grenzwall von der Donau zum Main hin an diesem befestigten Platze der Germanen auslaufen lassen, und sich den Besitz desselben durch eine hinein verlegte Wache gesichert. Das Fundament des römischen Wachthauses fand Hr. Kreisrichter Conrady 1881 innerhalb der Wälle auf (Correspondenzbl. der deutschen Geschichtsvereine, 1881 Nr. 11. 12). Der von demselben Alterthumsforscher einige Jahre zuvor entdeckte Toutonen-Grenzstein sagt uns zugleich, was für Germanen die Römer auf diesem Berge und in der Umgegend getroffen haben. Es waren Teutonen, und mit ihnen wahrscheinlich auch Kimbern untermischt, ebenso wie in dem von Caes. B. G. II, 29 genannten Aduatuka. Unter den zu Miltenberg aufbewahrten Inschriftsteinen nämlich sah Herr Karl Christ ein Bruchstück mit den Worten: „Mercurio Ci-ano", also wol Cimbriano (Pick, Monatsschr. V. Jahrg. S. 93) und vor wenigen Tagen einen zweiten Stein mit den Buchstaben „Mercuri Cim". Demnach müssen wir die Entstehung der Miltenberger Ringwälle noch hundert Jahre weiter hinauf schieben, das ist in die Zeit der Teutonenwanderung. Ich bemerke schließlich, daß die zweite Silbe des Namens „Det-melde" in der ersten von „Milten-berg" wiederkehrt, und beide Städte als uralte Gaugerichtsörter bezeichnet.

Wir begeben uns jetzt nach dem Heiligenberge bei Heidelberg. Hier kann uns als Wegweiser eine Abhandlung nebst Tafel von J. Näher und K. Christ bienen, welche jüngst in den Bonner Jahrb., Heft LXXIV, S. 1—23 erschienen ist, und aus der ich das hierher gehörende folgen lasse. „Der Heiligenberg erhebt sich auf der rechten Seite des Neckars bei Heidelberg etwa 320 Meter über die Rheinthalebene; er hängt an der nordöstlichen Seite mittels eines Passes, der zwei Thalschluchten trennt, mit dem Odenwaldgebirge zusammen, während seine Gehänge auf den andern Seiten gleichmäßig steil in das Neckarthal und die Rheinebene abfallen. Die langgestreckte Kuppe desselben, von welcher die nordöstliche Spitze, wo das Allerheiligenkloster stand, 55 Meter höher liegt, als der vordere Theil, ehemals Stefanskirche, beherrscht mit seiner durch keine Vorhügel gedeckten Aussicht die ganze Rheinebene abwärts bis Mainz, aufwärts bis gegen Straßburg. Das Heiligenberger Vertheidigungswerk hat zwei Steinringe, von denen der obere die gestreckte 800 Meter lange Kuppe des Berges in einer Ausdehnung von 1960 Meter umschließt, und von dem südlichen Vorsprunge aus, der die Ruinen der ehemaligen Stefanskirche trägt, bis zu jener höheren Kuppe der sogenannten Heiligenkirche ansteigt. Der untere Ring zieht sich an den Gehängen des Berges in einer Entfernung von 100—150 Meter theilweise um den obern herum, und schließt auf der Nordseite den Bitterbrunnen ein; seine ganze Ausdehnung wäre etwa 2900 Meter. Er läuft auf der Westseite steil und ziemlich tief in die Hainsbachklinge, um hier die ältesten Zugänge aus dem Rheinthal zu sichern und tief genug zu fassen. Gegen Neckar und Hirschgasse hin ist die Abdachung des Berges sehr steil, und läßt sich hier die Spur des unteren Ringwalles, zumal derselbe gegen Osten in einen alten Zugang zu fallen scheint, kaum mehr verfolgen. Im Uebrigen sind die Steinanschüttungen der beiden Ringwälle, um welche theilweise von außen Gräben ziehen, noch gut erhalten; sie bestehen in einem 6—10 Meter hohen Steinwurf von Findling-Sandsteinen und Geröll, wie es sich auf dem Berge findet. Einen interessanten Abschnitt des oberen Ringwalles bildet der Querbau der obersten Bergkuppe; er schließt diesen höchst liegenden, nach allen Seiten steil abfallenden Theil, welchen der germanische Häuptling oder Herzog bewahrt haben mag, zu einem letzten Reduit ab. Der kranzförmige Steinring dieses Kehlabschlusses zeigt eine Höhe von 9—10 Meter, und dehnen sich die Steinmassen bis 20 Meter aus. Am Fuß desselben ist noch eine Berme (Wallabsatz) von etwa 4 Meter Breite, mit einem weiten Steinwurf von 3 Meter Höhe sichtbar. Die ältesten Zugänge zum Ringwall befinden sich einerseits von der Rheinebene, anderseits von der Hirschgasse her; noch deutlich ist ihre seitliche Führung bei ihrer Annäherung zum Steinringe zu erkennen. Es wird noch bemerkt, daß die Steine des Walles von geringer Größe sind, also von einem kräftigen Mann leicht transportirt werden konnten, keine Bearbeitung zeigen, und so auf einander geschichtet sind, wie wir es oft bei dem Steinbewurf an Uferdämmen beobachten können. Wo der Heiligenberg durch einen Paß, über welchen ein altdeutscher Weg läuft, die „hohe Straße", mit dem übrigen Odenwaldgebirge verbunden ist, befinden sich zwei Abschnittswälle. Hierdurch wurde nicht nur die Vertheidigung des Berges an dieser zugänglichen Stelle erleichtert, sondern zugleich auch die erwähnte Zugangsstraße gedeckt. Der eine dieser Erdwälle liegt am Anfange des besprochenen Passes unterhalb des untern Steinringes, bei einer Zweigung der Straße in die Hirschgasse, wo auch ein alter Grabhügel; der andere alte Querwall sperrt die Straße am Ende des Passes beim sogenannten Zollstock, einem ehemaligen Heiligenbild."

Was die so eben beschriebene Konstruktion der Steinringe betrifft, so mache ich selbst den Beschauer aufmerksam darauf, daß die ursprüngliche Bauweise nur noch an einzelnen Abschnitten, welche bis jetzt nicht von den nach Bausteinen suchenden Umwohnern aus einander geworfen sind, erkannt werden kann, und hier derjenigen vom Miltenberger Ringwalle gleicht. — Auch der Plan des Ganzen ist ein ähnlicher, wie dort. Den höchsten Punkt, nämlich den nord=östlichen Gipfel, nimt eine Burg ein, welche den Zugang vom Gebirge her über den Bergnacken zu vertheidigen hatte, und deßhalb ringsum am stärksten befestigt ist; dieser fast kreisförmige Raum hat einen Durchmesser von etwa 150 Meter. Die sich allmählig bis zum südwestlichen Gipfel senkende Bergfläche dann, durchschnittlich 100 Meter breit und etwa 650 Meter lang, wird durch eine Art von Stadt=mauer umschlossen. Zur größeren Sicherheit ist an der sanfter nach der Rheinebene abfallenden Berglehne jener äußere Steinwall vorgelegt, welcher in einiger Entfernung als Außenwerk sowohl Stadt als Burg umfängt, jedoch beiderseits, sowie er um die Gipfel auf die nach dem Neckar=thale abfallende Steilseite des Berges zieht, als daselbst unnöthig aufhört. Derselbe hatte zugleich den Zweck, eine Quelle, jetzt Bitterbrunnen genannt, welche die ganze An=lage mit Wasser versah, mit einzuschließen. Von den vier alten Wegen, welche durch entsprechende Oeffnungen des Vorwerks herauf ziehen, vereinigen sich je zwei innerhalb desselben, so daß einer unmittelbar in die Burg, einer in die Breitseite der Stadt und aus letzterer gleichfalls in die Burg führt. In die andere Breitseite der Stadt mündet, dicht neben der Burg, jener von der Hochstraße und aus der Hirschgasse herauf kommende östliche Weg; außerdem scheint von dem südlichen Ende der Stadt, von dem Platze der Stefanskirche, ein steiler Fußstieg in kürzester Richtung zum Neckar bei Neuenheim hinunter geführt zu haben.

In den Ueberresten der Burg (des späteren Aller=heiligenklosters), von denen die benachbarten Ortschaften sich Bausteine holten, bis ein Verbot dies untersagte, hat man verschiedene Inschriften gefunden, die theils dem Mittel=

alter, theils der Römerzeit angehören. Jene schon erwähnte dem Kimbrischen Merkur geweihte Platte zeigt, daß die Römer auf diesem Berge Kimbern ansässig getroffen, und mit ihnen ein freundschaftliches Verhältniß unterhalten haben. — Ein zweiter merkwürdiger Denkstein von hier befindet sich gegenwärtig im Großh. Antiquarium zu Mannheim unter Nr. 19, mit einer Inschrift, die übersetzt etwa lautet: Dem Visucius hat einen Tempel mit Standbild errichtet Cajus Candidius Calpurnianus, Bürgeroberst des Severianischen Kreises der Nemeter und auch Bürgeroberst der Gemeinde der Nemeter (Ferd. Haug, die röm. Denksteine des Großh. Antiqu. in Mannh., Konstanz 1877, Nr. 14. 19. 87). Wir vernehmen daraus, daß die Landesbewohner, neben die sich die Kimbern hier eingedrängt, und gegen die sie sich anfangs in ihrem Ringwalle auf dem Heiligenberge zu vertheidigen hatten, die Nemeter waren, dieselben also, welche auch Caes. B. G. I, 51. VI, 25; Plin. IV, § 105; Tac. Germ. 28. Ann. XII, 27; Ptol. II, 9; Ven. Fortun. I, 9. Ammian. XV, 11. XVI, 2 daselbst erwähnen. Die Gemeinde oder Kolonie der Nemeter auf der linken Rheinseite war Noviomagus, auch Sphira genannt, jetzt Speyer (Geogr. Ravennas IV, 26. Not. Dignit. ed. Seeck, p. 213. 267); von da führte eine vier Stunden lange Römerstraße durch die Rheinebene gerade auf den Heiligenberg hin, und am Fuße dieses mittels einer Holzbrücke über den Neckar. Hauptort des Nemeterkreises auf der rechten Rheinseite aber war Lopodunum, jetzt Ladenburg; es gehörte auch dazu das römische Wachtlager zu beiden Seiten der Neckarbrücke, jetzt Neuenheim und Bergheim, letzteres ein Stadttheil von Heidelberg. Dies zeigen die Aufschriften der acht römischen, bei dem Bau des neuen Krankenhauses aufgefundenen, jetzt im Landesmuseum zu Karlsruhe aufbewahrten, sowie auch die vor wenigen Tagen zu Ladenburg ausgegrabenen fünf Meilensteine, von denen zum Beispiel Nr. 8 übersetzt folgende ist: Den Feldherren und Kaisern Publius Licinius Valerius, dem Guten Glücklichen Unbesiegten Erhabenen, und dem Publius Licinius Galienus, dem Erhabenen, der Ulpianische Severianische Kreis der Nemeter. Von Lopodunum vier Leugen. Das heißt, von Ladenburg vier halbe Wegstunden, was genau zutrifft (Bonn. Jahrb. Heft LXIII, S. 10—29 und Heft LXIV, S. 62—65 von Karl Christ; dazu Mannheimer Tageblatt, 1883 Nov. 30, Mannheimer Alterthumsverein). Die Brücke nebst dem Lager war also durch Marcus Ulpius Trajanus während seiner Statthalterschaft in Obergermanien 97 n. Chr. angelegt, und der betreffende Kreis bei den Nemetern eingerichtet; später aber von dem Kaiser Septimius Severus (193—211 n. Chr.), wie eine demselben zu Ladenburg gewidmete Altarinschrift beweist (Brambach Nr. 1713), weiter zubenannt worden.

Aus dem freundschaftlichen Verhältnisse der Römer zu jenen und ähnlichen kimbrischen und teutonischen Niederlassungen erklärt es sich, woher man etwa die in den römischen Heeren dienenden „Cimbriani" anwerben konnte, von denen zum Beispiel um 400 n. Chr. eine Abtheilung in Ungarn zu Cimbriana stand, eine andere in Afrika verwendet wurde; desgleichen, wie etwa die Römer an die „Teutoniciani" kamen, von denen um genannte Zeit eine Abtheilung zu Carnuntum Senoniae Lugdunensis, jetzt Landschaft Chartrain südlich von Paris, ansässig gemacht war (Not. Dignit. ed. Seeck, p. 90. 115. 122. 139 und 216). Die Kimbern und Teutonen, als eingewanderte Fremde in den Rheinlanden und von den ursprünglichen Landesbewohnern immer noch gehaßt, waren zu einem Bündnisse mit den Römern geneigter, als die übrigen Germanen. Schon um 58 v. Chr. benutzten die Ubier in Deutz und Umgegend, wahrscheinlich Teutonen, die Niederlage des

Ariovist, um selbst die Sueven von sich zu werfen; sie schlossen 55 v. Chr. Freundschaft mit Cäsar, und baten 53 v. Chr. um dessen Hülfe gegen die Sueven; hernach von diesen weiter bedrängt, nahm Agrippa sie 38 v. Chr. auf das linke Rheinufer hinter das Lager an der Cäsarbrücke hinüber, wo aus der Ubierstadt 50 u. Chr. die Colonia Agrippinensis, und später das jetzige Köln entstand (Caes. B. G. I, 54. IV, 16. VI, 9. 29; Strabo 194. 208; Tac. Ann. XII, 27. Hist. I, 56. Germ. 28; Dio XLVIII, 49). Auch die Teutonen im Teutoburger Walde und daneben die Cherusken im Wesergebirge schlossen 4 u. Chr. mit Tiberius ein Bündniß, während die Brukteren an der Ems und die Chauken an der Weser sich nur der römischen Gewalt unterwarfen (Vell. II, 105. 106).

Hiermit kehren wir zur Grotenburg bei Detmold zurück. Für die Besichtigung derselben stehen uns als Führer zwei Beschreibungen zu Gebote, eine ältere von Chr. Gottl. Clostermeier in dessen Buche „Wo Hermann den Varus schlug" Lemgo 1822, S. 123—129, die dadurch besonders werthvoll ist, daß sie den Zustand der Befestigungswerke auf der Grotenburg vor der Erbauung des Hermansdenkmales daselbst darstellt, und eine neuere von L. Hölzermann in dessen „Lokaluntersuchungen" Münster 1878, S. 111—117, wo wir zugleich auf Tafel XLV und XLIX geometrisch entworfene Pläne und Ansichten haben. Ich bringe zunächst auszüglich das hier in Betracht kommende bei. Clostermeier schreibt über die Felsenmauer: „Sie befindet sich auf dem von der Seite des Teuthofs her sanft aufsteigenden Theile des Berges in dem Gehölze des Teutmeiers, und dienet jetzt mit zur Bezeichnung der Grenze desselben. Sie bestand ursprünglich aus theils senkrecht, theils der Länge nach dicht neben einander eingetriebenen, zum Theil mannshohen Steinblöcken, mit darüber gelegten kleinern, jedoch immer noch ansehnlichen, Felsstücken. Hinter dieser Mauer läuft ein Graben her, welcher sich jedoch in der Länge der Zeit mit herabgeflossener Erde von vermodertem Laube fast ausgefüllt hat. Das, weit über die Zeiten der jetzigen Landescultur hinaufsteigende, Alter dieser Felsenmauer beurkunden zwei an verschiedenen Orten dieselbe durchschneidende Holzwege, welche ganz das Ansehen haben, schon seit Jahrhunderten gebraucht worden zu seyn, dennoch aber weit jünger sind, als jene. Denn um sie durch die Mauer durchzuführen, ist diese gewaltsam gesprengt worden, und fand ich noch selbst die losgerissenen Steinmassen an den Wegen, wo sie die Mauern durchkreuzen, herum liegen. Noch ist diese Mauer über 500 Schritte lang, sie scheint an der Seite, wo die auf dem Fuße liegenden Häuser der Bauerschaft Hibbesen anfangen, verkürzt zu sein. Man kann hier den Unterschied der alten Teutoburgischen Mauer von denjenigen Mauern wahrnehmen, mit welchen die Bewohner jener Häuser ihre Gärten gegen das Wild schützen. Diese letztern Mauern sind augenscheinlich aus über einander aufgeschichteten Stücken von der Felsenmauer weggenommener und zerschlagener Steinblöcke entstanden. Was man seit Jahrhunderten bis auf die neuesten Zeiten auf dem benachbarten Teuthofe an Steinen bedurfte, ist von jener Felsenmauer weg geholet worden. Ihre Bedeutsamkeit vermindert sich leider fast mit jedem Jahre, und sie wird gänzlich verschwinden, wenn nicht ihrer fernern Zerstörung von kräftiger Hand Einhalt geschieht." Und über den Großen Hünenring sagt derselbe: „Er begrenzt den Rand der Ebene auf dem breiten Gipfel des Teuts so weit, bis derselbe in einer steilen Wand herab fällt. Dieser wahrscheinlich planmäßig niedriger angelegte durch Wald=Büsche und Moore in beträchtlicher Länge fortgeführte Steinwall, wovon auch leicht an scharfen Kanten Steine herab gerollt seyn können, verliehrt sich zwar oft, man findet ihn aber immer wieder, und da, wo er an der südlichen Seite des Berges

der in dem Kalkgebirge sich herauf ziehenden Schlucht in
den Steinen genannt gegenüber gänzlich aufhört, zeichnet
sich derselbe noch sehr kenntlich aus. Nicht weit vom An=
fange dieses Walls erhebt sich in demselben ein großer run=
der Steinhaufen mit einer trichterförmigen Vertiefung, deren
Mitte mit hohl über einander liegenden größern Steinen
bedeckt zu sein scheint. Es läßt sich nicht erklären, was es
mit diesem sonderbaren Steinhaufen für eine Bewandtniß
gehabt haben mag. Von einem innerhalb des Großen Hünen=
rings gestandenen Gebäude findet sich nicht die geringste
Spur."

Anschaulicher noch macht uns Hölzermann die Sache,
indem er schreibt: „Der Große Hünenring besteht aus
einer niedrigen Felsenmauer (Brustmauer), welche den Pla=
teaurand des Gipfels ehemals so weit umzog, wie das Pla=
teau als Lagerraum für Truppen benutzt werden konnte.
Die eigentliche rundliche Kuppe, auf welcher jetzt das Her=
mannsdenkmal steht, soll vor Errichtung desselben keine
Spur eines Walles, oder einer Mauerumfassung gezeigt
haben. Um die den Lagerraum gegen Süden und Osten
umschließende Mauer sturmfrei zu machen, ist der Abhang
des Berges, an dem äußeren Fuße derselben entlang, durch
künstliches Abstechen so steil gemacht, als die natürliche Be=
schaffenheit desselben dies irgend zuließ, wie noch heute
deutlich zu sehen ist. In Folge dessen ist aber die Mauer
an den steilsten Stellen (der Ostseite) im Laufe der Zeit
von dem scharfen Rande herabgestürzt und bedeckt noch jetzt
den Abhang mit zahllosen Steintrümmern. Im Innern
des Ringes befindet sich eine reichhaltige, nie versiegende
Quelle, welche in neuerer Zeit zu einem Teiche erweitert
worden ist." Ueber die Felsenmauer dann fährt derselbe
fort: „Die am Ostfuße des Berges errichtete, 3 Meter dicke
und einst über mannshohe Felsenmauer bildete den äuße=
ren Ring der Burg und die erste Vertheidigungslinie für

den Fall, daß die Burg angegriffen wurde. Den Kampf um eine Mauer von ganz ähnlicher Lage und Construction schildert Tacitus bei Gelegenheit eines Aufstandes der Britannier im Jahre 50 n. Chr. Geb. (Ann. XII, 33—35)."

Ich selbst mache noch auf folgende Punkte aufmerksam, die mir bei Beurtheilung der Anlage wichtig erscheinen. 1) Die Bergmasse, welche Grotenburg heißt, beginnt nordwärts oberhalb des Dorfes Hibbesen mit einer schön gewölbten Kuppe, die sich bis 700 Fuß über die Werre bei Detmold erhebt, erstreckt sich aber südwärts mit einem Rücken, der niedriger wird, bis auf einen schmalen Nacken hin, Rabenhals genannt. Letzterer verbindet den aus Sandstein bestehenden Berg mit der von Nordwest nach Südost vorbeistreichenden Kalksteinkette, auf der in einer Hochebene das Forsthaus Hartröhren liegt. Von dem Rabenhalse senkt sich auf der Westseite der Grotenburg eine Schlucht in das Heidenthal, wohin der Berg steil; eine andere Schlucht senkt sich auf der Ostseite in das Thal von Heiligenkirchen, wohin der Berg sanft abfällt. An den Fuß der steilen Nordseite dagegen lehnt sich ein flacher Hügel aus Muschelkalk an, der Hibbeser Berg, über den hinweg man von der Grotenburg in das Werrethal gelangt. 2) Aus diesem Thale von Detmold her führt ein alter Fahrweg allmählig bergan, zunächst über den Hibbeser Berg, dann schräg an der Ostseite der Grotenburg hinauf unter dem Namen Maiweg bis auf den Bergnacken, von da weiter Peterstieg genannt zu der Hochfläche des Gebirges, und endlich durch die Breite Nath wieder hinab in die Senne zu den Lippequellen. Diese fahrbare Straße aus dem Werrethale über das Gebirge in die Senne war zugleich der alte Burgweg. Hat derselbe die Höhe des Rückens der Grotenburg erreicht, so schwenkt ein Arm davon in den Großen Hünenring rechts ab. 3) Wo der Maiweg zwischen den letzten Häusern Jäger und Wallbaum des

Dorfes Hibbesen in den Bereich der Grotenburg tritt, steht rechts ein aus Steinen zusammen geworfener Warthügel, und wo der Mainweg oben am Rabenhalse den Bereich der Grotenburg wieder verläßt, ist als anderer Warthügel eine von der Natur gebildete kegelförmige Anhöhe links am Wege benutzt worden. Diese heißt in Urkunden von 1406 und 1410, wie schon oben bemerkt, die „Spreckenborg" oder „Sprekenborch" (Lipp. Reg. Nr. 1660. 1724; dazu A. Falkmann, Beiträge zur Gesch. d. Fürstenth. Lippe, 2. Heft, S. 4).

4) Bei dem unteren Warthügel nun scheint die Felsenmauer angefangen zu haben. Dieselbe läßt sich noch jetzt in einzelnen Stücken und Spuren um den sanft abfallenden Ostfuß der Grotenburg verfolgen. Sie scheint sich fortgesetzt zu haben bis an einen natürlichen Felsgrat, der von dem oberen Warthügel an Sprengers Helberge herabreicht.

5) Den flachen Gipfel der Grotenburg aber umzieht, in einem Abstande von 1500 Schritten von der Felsenmauer, der Große Hünenring, gleichsam die Festung des Ganzen. Von hier aus ließ sich vorzugsweise der obere Ausgang am Rabenhalse bewachen und vertheidigen, also der schwächste Punkt; denn sowohl aus dem Heidenthale von den sogenannten Steinen herauf, alsauch anderseits aus dem Thale von Heiligenkirchen durch die Schlucht vor dem Schlinge, führen Fahrwege auf den Rabenhals, die sich mit der oben beschriebenen mittleren Hauptstraße von Peterstieg 350 Schritt vor dem Großen Hünenringe vereinigen.

6) Die Steine, aus welchen die Felsenmauer und auch der Große Hünenring aufgeführt wurden, sind nicht aus der Erde gebrochen, sondern von denen genommen, die noch jetzt in Masse an dem Ostabhange der Grotenburg umher liegen, vorzüglich an der Seite nach Sprengers Helberge, wo es in den Goldsteinen heißt.

Wir haben also auch hier, wie auf dem Kreinberge am Main und dem Heiligenberge am Neckar, sowohl dieselbe Bauart als auch dieselbe Anordnung der Ringwälle. Aus unbehauenen Steinblöcken, sogenannten Findlingen, ohne Mörtel und ohne Richtscheit zusammen gesetzt, umschließt ein kleinerer innerer Steinring den höchsten und sichersten Platz des Berges als Burg; ein größerer äußerer Steinring aber umzieht eine Art Stadtgebiet als erstes in Besitz genommenes Grundeigenthum einer flüchtigen Einwandererschaar. Wie zu Miltenberg ein römischer Grenzstein und zwei andere römische Denksteine die Anwesenheit der Teutonen und Kimbern daselbst melden, wie zu Heidelberg eine römische Inschriftplatte die Ansässigkeit der Kimbern in den benachbarten Ringwällen bezeugt, so haben wir für die Grotenburg als Teutonensitz einen römischen Schriftbeweis in Tac. Ann. I, 60. Von solchen durch ihr Alter ehrwürdigen Vertheidigungswerken, Denkmälern der ältesten deutschen Geschichte, sollte man keinen Stein mehr aus seiner Stelle rücken.

Schluß.

Doch nun, ehe wir die Grotenburg verlassen, möchten wir noch nach Einigem fragen, zunächst, wie es den daher ziehenden, in der Gegend fremden Teutonen möglich gewesen sei, ohne vorherige Umsicht sogleich diesen Berg heraus zu finden, den selbst ein erfahrener Feldherr nicht passender auswählen gekonnt hätte. Um dieses zu beantworten, müssen wir, wie einst die Kimbernzüge, von Norden her, von Minden oder Bückeburg über die Weser bei Rehme oder Vlotho kommen. Wir sehen dann, wie nach dieser Seite hin die aus dem Osninge hervortretende, die ganze Gegend beherrschende, breitgewölbte Kuppe der Grotenburg sich von weither im Süden so sehr als besten Zufluchtsort darbietet, daß jede in Bedrängniß befindliche, durch die Ebene der Werre kommende Kriegsschaar sofort nach diesem Punkte streben, und sich auch mit Erfolg daselbst vertheidigen wird.

Sodann möchten wir genauer wissen, wann die Teutonen auf der Grotenburg angekommen sind. Tacitus sagt in der Germ. 37: Sechshundert und vierzig Jahre bestand unsere Stadt, als man zuerst von den Waffen der Kimbern hörte, unter den Konsuln Caecilius Metellus und Papirius Carbo; ebenso Eutrop. IV, 25. Die genannten Konsuln fallen nach der gewöhnlichen Rechnung in das Jahr 113 v. Chr. Nehmen wir nun an, daß die Kimbern und Teutonen wenigstens zwei Jahre gebraucht haben, um sich bis nach Südfrankreich und Italien durchzuschlagen, so kamen sie von der Ostsee her in den Osning etwa um 115 v. Chr. (vgl. Theod. Mommsen, Röm. Gesch., 4. Aufl. Berlin 1865, 2. Bd. S. 173). Erst hundert und einige Jahre später, nämlich 11 v. Chr. berührten die Römer unter Drusus dieses Gebirge, und zwar in der Gegend von Altenbeken bis Warburg (Dio LIV, 33). Um diese Zeit konnte ein Teutonenfürst bereits auf der Platte der Grotenburg in dem Großen Hünenringe sein vom Vater und Großvater angestammtes, nach damaliger Sitte aus hölzernem Fachwerk erbautes Herrenhaus bewohnen, nebst Keller und Scheune und Stall, und in den Wäldern und Schluchten des Osninges ringsum das Waidwerk betreiben; während seine Leute in dem Thale von Detmold ihre Hütten mit umzäunten Höfen an die Hügel gelehnt hatten, und auf den Triften ihre Schafe und Rinder hüteten (Tac. Germ. 5. 15. 16).

Weiter erlauben wir uns die Frage, welches denn die früheren Bewohner des Landes gewesen sein mögen, unter die sich die Teutonen und Cherusken eindrängten, und gegen die sie sich anfangs durch ihre Ringwälle vertheidigten. Dies ist schwer zu sagen; doch möchte das Verhältniß der alten Bewohner zu den neuen Herren etwa folgender Beschreibung in Tac. Germ. 25 entsprechen: Jeder von ihnen waltet in seinem eigenen Wohnsitze, an seinem eigenen Heerde. Der Herr legt ihm, wie einem Pächter, eine Abgabe an Getreide an Vieh oder Zeug auf, und soweit gehorcht dieser als Knecht. Die Besiegten geriethen in eine Art Lehnsverhältniß; sie hatten ein etwaiges Mißgeschick ihrer Herren stets in gleich schwerem Maße zu tragen, und sich bei deren Glücke mit dem kleineren Theile zu begnügen (vgl. Tac. Germ. 36).

Schließlich hegen wir noch den Wunsch, das Schicksal der Teutoburg zu erfahren. Tacitus nennt sie Ann. I, 60, um den Ort der Varianischen Niederlage zu bezeichnen; damals somit, als Varus sein Sommerlager bezogen hatte (das ist 9 n. Chr.) bestand die Teutoburg. Sie lag in der Nähe des Sommerlagers; denn nach Flor. II, 30 und Vell. II, 119 begann die Schlacht bei dem Sommerlager, und zog sich alsbald, sowohl an dem ersten als auch an dem andern Tage, durch den Teutoburger Waldbezirk hin, wie wir aus der Beschreibung des Schlachtfeldes bei Tac. Ann. I, 61 ersehen. Eine Stelle des Dio LVI, 19, welche lautet: Armin und Segimer waren immer um Varus, und speisten oft bei ihm, führt mich zu der Vermuthung, daß Fürst Segimer, der Bruder des Segestes, es gewesen sei, welcher damals die Teutoburg bewohnte. Dieser wird mit zu denjenigen Burgherren gehört haben, welche von Varus zu ihrem Schutze, wie der Geschichtschreiber in demselben Kapitel erzählt, gegen die damals den Römerfreunden drohenden Brukteren und Chauken (Vell. II, 105. 106), eine Abtheilung römischer Soldaten als Besatzung in ihre Burg erhalten hatten. — Nachdem nun Varus unvorsichtiger Weise sein festes Sommerlager, bei dem jetzigen Oerlinghausen gelegen, verlassen hatte, lenkte er den Heereszug, angegriffen durch die Brukteren von der Senne und durch die Cherusken von der Werre her, mit richtiger Taktik zunächst auf die vor ihm liegende das ganze Gebirge beherrschende Teutoburg, die jetzige Grotenburg. Er faßte daselbst, nachdem er den Tag über auf dem unebenen, theils sumpfigen, theils waldigen, auch von Bächen durchzogenen Schlachtfelde starke Verluste erlitten hatte, noch einmal festen Halt. Varus nebst seinem Gefolge und einem Theile des Heeres wird für die Nacht wol Platz bei Segimer in der Teutoburg gefunden haben; und was oben nicht Raum hatte, verschanzte sich dreihundert Schritte unterhalb der Burg auf beiden Seiten des

Burgweges an einer Quelle, in dem jetzt sogenannten Kleinen Hünenringe, wodurch den Feinden sowohl der Zugang zur Burg abgeschnitten, als auch eine Belagerung derselben unmöglich gemacht wurde. Noch vor dem Hellwerden ließ Varus am andern Morgen aufbrechen, um das Kastell Aliso an der Lippe, das jetzige Ringboke, zu erreichen. Es war ihm jedoch nicht möglich, durch die sich mehrenden Feinde aus dem Gebirge und Walde zu entkommen. Denn als die Leute Segimers, die Bewohner des Teutoburger Gaues, sahen, daß sich das Kriegsglück auf die Seite der Deutschen wandte, halfen sie schließlich, der Sohn Segimers an der Spitze, die Römer vollends verderben. Fürst Segimer selbst scheint in dem Schlachtgewühl nur seine Teutoburg, und dem Varus soweit möglich seine persönliche Treue gewahrt; an dem Kampfe aber weder für noch gegen die Römer Theil genommen zu haben. So ließ er denn auch, um nicht den Haß der Deutschen auf sich zu laden, die gefallenen Römer unbegraben im Teutoburger Waldbezirke liegen.

Als aber sechs Jahre später (nämlich 15 n. Chr.) Germanikus mit acht Legionen, um die römische Schmach zu rächen, von der Lippe und Ems herauf zog, und der Vortrab des Heeres unter Stertinius sich dem Teutoburger Walde näherte, hielt es der alte Segimer für gerathen, wie kurz zuvor sein Bruder Segestes es gethan (Tac. Ann. I, 57. 58), mit seinen Angehörigen in das römische Lager überzugehen. Die Teutoburg wurde von ihm verlassen. Er rechtfertigte und entschuldigte vor Germanikus sein und seines Sohnes Sesithak bisheriges Verhalten, meldete und bedauerte, daß die mit Varus gefallenen Römer noch unbestattet dalägen, und ließ sich nach erlangter Gnade einen neuen Wohnsitz in Köln anweisen. Wir lesen darüber in Tac. Ann. I, 71: Schon hatte Stertinius, der vorausgesandt war, um den Segimer, den Bruder des Segestes, in Pflicht zu nehmen, ihn selbst und seinen Sohn in die Stadt der Ubier abgeführt. Beiden wurde Verzeihung zu Theil, leicht dem Segimer, seinem Sohne nur mit Bedenken, weil man von ihm sagte, er habe des Quintilius Varus Leichnam verhöhnt. Von deutscher Seite wird Solches dem Segimer jedoch nicht verziehen sein. Armin, der rasend vor Wuth, wegen seiner ihm geraubten Gattin, Götter und Menschen gegen die Römer beschwor, wird die Teutoburg sofort der Rache preisgegeben haben, so daß Germanikus, als er das Schlachtfeld besah und bei dem letzten Lager des Varus auf der Grotenburg ankam, droben von der Teutoburg nichts mehr erblickte, als einen aus einander geworfenen Aschen- und Schutthaufen. Denn selbst der von Germanikus feierlichst errichtete Todtenhügel für die gefallenen Römer, wurde nach seinem schleunigen Abzuge, von den Cherusken ungesäumt wieder in den Wind zerstreut (Tac. Ann. II, 7).

Dies ist das Schicksal der Teutoburg, wie es sich aus den uns gebliebenen Ueberlieferungen mit Wahrscheinlichkeit errathen läßt. Sie bestand nur kurze Zeit, 130 Jahre etwa; kein Geschichtsbuch, keine Urkunde erwähnt sie später noch. Selbst die fränkischen Jahrbücher kennen den Namen nicht mehr, obgleich doch Karl der Große 772 das Osninggebirge nach der Irmensäule durchsuchte, und 783 nahe der Grotenburg eine Hauptschlacht lieferte. Man nannte ihm diese Gegend neben dem Osninge „Theotmelli"; eine Teutoburg stand dem fränkischen Eroberer nicht mehr im Wege. Seit dem dreizehnten Jahrhundert ist auch jener Gauname allmählig verklungen; nur der Gerichtsort desselben „Detmold" bewahrt in seinem Namen noch die Erinnerung an seinen Ursprung.

Jetzt erhebt sich oberhalb Detmold auf der Grotenburg,

an dem Platze der Teutoburg, das von dem Bildhauer Ernst von Bandel seit dem 9. Jul. 1838 erbaute, am 16. Aug. 1875 von Sr. Majestät Kaiser Wilhelm, an der Spitze der deutschen Fürsten und des deutschen Volkes, Armin, dem Befreier Deutschlands vom römischen Joch, geweihete Hermansdenkmal, ein hehres Zeichen für die Worte: Ruhmvoll ist es, für das Vaterland zu streiten.

Inhaltsverzeichniß.

                                                          Seite

I. Vorrede . . . . V—VIII

II. Einleitung.
1. Ringwälle der Kimbern und Teutonen. . . 1
2. Heimath der Kimbern und Teutonen . . . 2
3. Ursache ihrer Auswanderung 4
4. Richtung ihrer Züge 5
5. Die Charuden als Mitauswanderer 8
6. Unterwegs seßhaft gewordene Schaaren der Kimbern der Charuden und Teutonen 10

III. Nachweis.
1. Die Cherusken sind charudischen Stammes, und zu gleicher Zeit mit den Kimbern und Teutonen am Harze und Wesergebirge, am Osninge und Rothhaargebirge ansässig geworden 15
2. Urkunden von 783—1357 erwähnen am Osninggebirge einen Gau namens Theotmalli. Beschreibung desselben. Hauptort darin ist das jetzige Detmold . . 21
3. In diesem Gau Theotmalli befand sich, wie Urkunden von 1385—1579 zeigen, auf der Grotenburg die von Tacitus in den Ann. I, 60 genannte Teutoburg; und es ist also der Teutoburgiensis saltus das nachmalige Theotmalli und jetzige Amt Detmold 28
4. Des Tacitus Beschreibung vom Varianischen Schlachtfelde in den Ann. I, 61 paßt auf die Umgegend der Grotenburg 32

Seite

5. An der Grotenburg befindet sich noch jetzt das letzte Nachtlager des Varus; es ist der Kleine Hünenring . . . 34
6. Drei Wegstunden nordwestlich davon entfernt liegt auf dem Tönsberge bei Oerlinghausen das römische von Varus 9 n. Chr. bezogene Sommerlager 35
7. Eine halbe Wegstunde südwestlich von dem letzten Nachtlager an der Grotenburg trifft man, auf der sandigen Hochfläche bei Hartröhren, den von Dio LVI, 21 erwähnten waldlosen Platz, wo Varus den Zug anhalten und in Schlachtordnung aufrücken ließ, um sich nach der Lippe hin durchzuschlagen 37
8. Fünf Wegstunden entfernt lag an der Lippe, und zwar an der Stelle des jetzigen Ringbote, das römische Kastell Aliso 38
9. Des Tacitus Angabe, daß Germanikus bei seiner Besichtigung des Schlachtfeldes 15 n. Chr., von den Emsquellen ausgehend, zuerst das Sommerlager, dann das letzte Nachtlager des Varus, darauf die Stelle des Entscheidungskampfes angetroffen habe, stimmt mit der wirklichen Lage dieser Oertlichkeiten 39
10. Grabhügel mit Urnen darin begleiten das Schlachtfeld in seiner ganzen Ausdehnung zu beiden Seiten . . 40
11. Ueber den Namen und die Entstehung der Teutoburg. Sie kann nicht benannt sein nach Tuisto oder Tuisco, einem Gotte der alten Deutschen 41
12. Sie war nicht der Versammlungsort und Waffenplatz der vereinigten Stämme des deutschen Volkes zur Zeit der Varusschlacht 42
13. Nicht ein Edler beliebigen Stammes, namens Teuto, hat vor Ankunft der Römer die Burg erbaut; denn der Name war damals noch nicht gewöhnlicher Personenname ohne Beziehung auf Abstammung geworden . . 45
14. Die Teutoburg verdankt ihre Entstehung einer seßhaft gewordenen Teutonenschaar und deren Anführer, dessen Heeresburg sie war 46

Seite

15. Vergleichung der Bauweise und Anlage des teutonischen Ringwalles auf dem Kreinberge bei Miltenberg am Main, und des kimbrischen Ringwalles auf dem Heiligenberge bei Heidelberg am Neckar, mit derjenigen des Großen Hünenringes und der Felsenmauer auf der Grotenburg im Lippischen Walde bei Detmold 49

IV. Schluß.
1. Ueber die Zeit der Teutonenwanderung 64
2. Verhältniß der früheren Bewohner des Landes zu den eingewanderten Teutonen und Cherusken 65
3. Schicksal der Teutoburg 66
4. Auf dem Platze der Teutoburg steht jetzt das Hermansdenkmal 69

Bücheranzeige.

Die Laute der deutschen Sprache. Anleitung zur richtigen Aussprache des Hochdeutschen. Naturgeschichtliche und sprachwissenschaftl. Untersuchungen von Dr. **Aug. Deppe.** 1. Theil. Die beiden Grundlaute der Sprache. Untersuchungen mittels des Kehlkopfspiegels. Heidelberg, 1872. Verlag von A. Deppe.

Wo haben wir **das Sommerlager des Varus** aus dem Jahre 9 unserer Zeitrechnung und **das Feld der Hermansschlacht** im Teutoburger Walde zu suchen? Nach den Geschichtsquellen beantwortet von Dr. **Aug. Deppe.** Heidelberg, 1879. In Kommission der Universitätsbuchhandlung G. Weiß.

Des Dio Cassius **Bericht über die Varusschlacht** verglichen mit den übrigen Geschichtsquellen von Dr. **Aug. Deppe.** Detmold, 1880. Meyer'sche Hofbuchhandlung.

Der römische Rachekrieg in Deutschland während der Jahre 14—16 n. Chr. und **die Völkerschlacht auf dem Idistavisusfelde** nach Corn. Tacitus und den übrigen Geschichtsquellen dargestellt von Dr. **Aug. Deppe.** Heidelberg. Universitäts-Buchhandlung von G. Weiß. 1881.